「はじめの100か月の育ちビジョン」

今、保育者に求められることは?

編集代表／**秋田喜代美**
幼児期までのこどもの育ち部会長

チャイルド本社

はじめに

　こども家庭庁が2023年4月に創設され、全てのこどもの権利を保障する「こども基本法」が制定されました。また、それに伴って、こども政策のための「こども大綱」がつくられました。そして、妊娠期から幼児期（架け橋期を含む）は、こどもの発達、さらには生涯にわたる幸せ（ウェルビーイング）のために特に重要な時期であることから、「幼児期までのこどもの育ちに係る基本的なビジョン（はじめの100か月の育ちビジョン）」がつくられました。

　この「はじめの100か月の育ちビジョン」は、全ての国民に向けて、その大切さを誰でもわかっていただけるようにと討議してつくられました。こども家庭庁では、"ビジョン"のポイントが理解しやすい動画や冊子を作成しており、これらはこども家庭庁のウェブサイトで閲覧できるようになっています。また、保護者や各地域でこどもに関心をもってくださる方々が、具体的にどのように行動したらよいのか、"ビジョン"を実際のアクションにつなげていくための動画も公開が準備されています。

　本書は、特に「保育者」に向けて書かれた解説書です。こども家庭庁での会議に委員等として関わってこられた方を中心に、保育で何が大切と考えられるかを"ビジョン"や基本指針に基づきながら、各委員が自分の言葉で解説してくださっています。その意味で、保育者に宛てた「"ビジョン"のメッセージを含んだ解説書」になっています。また、「はじめの100か月の育ちビジョン」「こども基本法」「こども大綱」の文章がすぐに確認できるよう、巻末に資料として掲載しています。各園で一冊、あるいは保育者が一人一冊、手元に置いていただけると便利にご活用いただけると思います。

　保育者にとって、「はじめの100か月の育ちビジョン」は、特に目新しい内容が示されているわけではないかもしれません。しかし、本書を読んでいただくことで、日々の保育の基本をこどもの権利をふまえてあらためて振り返ったり、皆で話し合ったりできるようになっています。ぜひ皆で本書を元に日々の保育とつなぎ、様々な気づきを語り合ってみてください。

2024年10月　執筆者を代表して
秋田喜代美
幼児期までのこどもの育ち部会長
学習院大学文学部教授／東京大学名誉教授

「はじめの100か月の育ちビジョン」

今、保育者に求められることは?

CONTENTS

はじめに ⋯⋯⋯⋯⋯⋯⋯⋯⋯⋯⋯⋯⋯⋯⋯⋯⋯⋯⋯⋯⋯⋯⋯⋯⋯ 2

本書の見方 ⋯⋯⋯⋯⋯⋯⋯⋯⋯⋯⋯⋯⋯⋯⋯⋯⋯⋯⋯⋯⋯⋯⋯ 6

第1章 策定の背景と趣旨

基本解説1 こどもをとりまく社会の変化 ⋯⋯⋯⋯⋯⋯⋯⋯⋯⋯ 8

基本解説2 「こどもまんなか社会」を目指して ⋯⋯⋯⋯⋯⋯⋯ 10

基本解説3 「こども基本法」、「こども大綱」とは? ⋯⋯⋯⋯⋯ 12

基本解説4 「はじめの100か月の育ちビジョン」とは? ⋯⋯⋯ 14

資料&研修動画 ⋯⋯⋯⋯⋯⋯⋯⋯⋯⋯⋯⋯ 18

第2章 キーワードで見る"ビジョン"のポイント

キーワード解説1 「はじめの100か月」とは? なぜ大事なの? ⋯⋯ 20

保育者にできること 保育者へのエールと期待 ⋯⋯⋯⋯⋯⋯⋯ 23

キーワード解説2 「ウェルビーイング」、「バイオサイコソーシャル」とは? ⋯⋯ 24

保育者にできること 園で育むウェルビーイング ⋯⋯⋯⋯⋯⋯ 27

キーワード解説3 「乳幼児の思いや願い」とは? ⋯⋯⋯⋯⋯⋯⋯ 28

保育者にできること こどもの思いや願いと共にある保育を ⋯⋯ 30

キーワード解説4	こども基本法にのっとったビジョンの「理念」とは?	32
	保育者にできること 「その子らしく」いられる保育を	35
キーワード解説5	「5つのビジョン」とその関係	36
キーワード解説6	5つのビジョン❶「こどもの権利と尊厳を守る」	38
	保育者にできること こどもの尊厳を守るために	39
キーワード解説7	5つのビジョン❷「安心と挑戦の循環」	40
	保育者にできること 乳児の豊かな遊びと体験	42
	保育者にできること 幼児の豊かな遊びと体験	44
	保育者にできること 保育の場で育むアタッチメント	46
キーワード解説8	5つのビジョン❸「切れ目なく育ちを支える」	48
	保育者にできること 「切れ目」になりやすいタイミングの援助	50
キーワード解説9	5つのビジョン❹「保護者や養育者を応援する」	52
	保育者にできること 子育て家庭の支援・応援のために	53
キーワード解説10	5つのビジョン❺「環境や社会の厚みを増す」	54
	保育者にできること 社会全体でこどもを育てるために	55

おわりに "ビジョン"実現に向けた保育者の役割　56

第3章　資料

幼児期までのこどもの育ちに係る基本的なビジョン　59

こども基本法　90

こども大綱(抄)　94

本書の見方

●解説ページ

背景や趣旨、キーワードを中心にわかりやすく解説しています。

> 「はじめの100か月の育ちビジョン」の原文や法律の関連箇所を示しています。

> 特に重要な箇所にマーカーを引いています。

●「保育者にできること」

"ビジョン"の理念を保育の場で生かすために、保育者に何ができるか、具体的に紹介しています。

●「こども」の表記について

本書では「はじめの100か月の育ちビジョン」に基づき、基本的にはひらがなで「こども」と表記しています。固有名詞や既存の法律名・法律の条文等を記載するときは、必要に応じて「子ども」「子供」と表記することがあります。

第 **1** 章

策定の
背景と趣旨

令和5年12月に閣議決定された
「幼児期までのこどもの育ちに係る基本的なビジョン
（はじめの100か月の育ちビジョン）」。
まず、策定に至る背景と理念をおさえ、
「はじめの100か月の育ちビジョン」の
あらましを把握しましょう。

基本解説 1

こどもをとりまく社会の変化

秋田喜代美
学習院大学文学部教授
東京大学名誉教授

少子化の深刻化と さまざまな課題

日本社会の変化としてもっとも大きい現象は、こどもの数の減少です。P.9のグラフでもわかるように、わが国の出生数は過去最低を重ねています。特にコロナ禍以降は非婚化・晩婚化・晩産化にともない急激に出生数の低下が加速化しており、2023年には合計特殊出生率が過去最低の1.20を記録しました。つまり現在のこどもの数が少ないだけではなく、将来生まれるであろうこどもの数も急減していくと予想されます。日本の場合は少子化と高齢化の両方が同時に進んでおり、その意味で世界的にも「課題先進国」といわれています。

現代のこどもたちがおかれている状況も、決して好ましいものとはいえません。こどもの自殺率や相対的貧困率の高さ、児童虐待件数の増加、格差の拡大、孤独・孤立、ひきこもり、低いウェルビーイング（※）といった課題も山積しています。

そこであらためてこどもの権利や尊厳

を守り、これからのこどもが生きる社会について、こどもの目線でこどもの利益を第一に考えようという動きが国内外で高まっています。

家庭の状況の変化

こどもが育つ家庭の状況も大きく変わっています。最近は経済的な面でも男女共同参画という面でも、母親も父親も共に働きながら子育てをする時代に変わってきました。以前は、日本の女性の年齢別就労率はM字カーブといって、こどもを産む20～30代で一回職を中断して家庭に入ることが多かったのですが、現在ではこのM字カーブはほぼなくなっています。男性も女性も皆が働きながらこどもを育て、それによって保護者自身も親として育つと共に人としての自己実現を果たしていく時代になっています。そのために仕事と子育ての両立支援やワークライフバランス、長時間労働の見直し等が議論されています。

保護者の働き方の変化により、家庭でこどもを育てる時間が長い幼稚園に通うこどもは減少し、保育所や認定こども園に通うこどもが大きく増え、一日の保育時間も長時間化しています。また保育を受けるこどもの年齢も早期化しています。

※well-being：身体・心・環境や社会全ての面で「well（良い）being（状態）」にあること。幸せ。

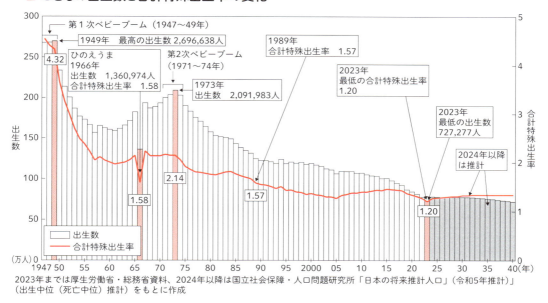

こどもの出生数と合計特殊出生率の変化

2023年までは厚生労働省・総務省資料、2024年以降は国立社会保障・人口問題研究所「日本の将来推計人口（令和5年推計）」（出生中位（死亡中位）推計）をもとに作成

第1章 策定の背景と趣旨

2019年に3歳以上の保育料が無償化したこともあり、昨今は3歳以上では何らかの保育・幼児教育施設に通うこどもが大半です。一方で0〜2歳では、通園していないこどもも少なくありません。こどもを園に通わせる保護者には施設を通じて公的支援が届きやすい一方、家庭で育てている保護者に対する支援は必ずしも十分とはいえず、保育施設に通っているかどうか、保護者が就労しているかどうかで、受けられる公的支援に格差が生じているという現状もあります。

地域社会の変化

今の保護者は、保護者自身がすでに少子化の時代に生まれており、自分がこどもをもつまでに乳幼児と触れ合う経験があまりなかった世代です。昔の時代には実家や親族、地域住民が子育て家庭を支える文化がありましたが、今ではそうしたつながりも希薄になり、地域による子育てのサポートも得にくくなっています。そのために若い保護者が子育てに自信をもてず、こどもと共に育つ喜びを実感しにくい傾向があります。こどもが育つもっとも身近な環境である家庭に対する支援も、ますます不可欠になっています。

こうしたこどもをとりまく社会の変化や課題に対応するため、2023年4月に施行されたのが「こども基本法」であり、その司令塔として発足したのがこども家庭庁です。こども基本法に基づいて、こどもを社会の中心に据え、すべてのこどもが健やかで幸せ（ウェルビーイング）な人生を送れるように、そして若い世代が子育ての喜びを実感できるように、社会全体で支えていこうという取り組みが始まっています。

基本解説 2

「こどもまんなか社会」を目指して

秋田喜代美
学習院大学文学部教授
東京大学名誉教授

「こどもまんなか社会」とは？

　こども基本法や、それに基づく具体的な施策を示した「こども大綱」のなかで示されているのが、これから私たちが目指す社会の姿としての「こどもまんなか社会」です。

　こども大綱では、こどもまんなか社会を次のように説明しています。「『こどもまんなか社会』とは、全てのこども・若者が、日本国憲法、こども基本法及びこどもの権利条約の精神にのっとり、生涯にわたる人格形成の基礎を築き、自立した個人としてひとしく健やかに成長することができ、心身の状況、置かれている環境等にかかわらず、ひとしくその権利の擁護が図られ、身体的・精神的・社会的に将来にわたって幸せな状態（ウェルビーイング）で生活を送ることができる社会である」。

　言葉で説明すると難しく見えるかもしれませんが、こどもまんなか社会とは、こどもの権利を尊重し、こどもの意見を聴き、こどもにとって一番の利益を考えて社会の政策を見直そうという考え方です。ここで大事なのは、こどもが社会の一員として参画することです。実際にこども家庭庁や各自治体では、各種の調査や「こども若者★いけんぷらす」といった取組で、小・中・高校生、若者、子育て当事者などから意見を集め、それを具体的な政策に生かそうとしています。

　また、こども同士も支え合います。たとえば少し年上の小学生や中学生が園児と交流をするなどして、こども同士も社会の一員としてお互いに支え合おうというのが基本的な考え方です。

こどもの目線で政策を見直す

　こどもまんなか社会でもう1つ重要なのが、こどもに直接関わる保護者や保育者だけではなく、こどもの育ちを支える環境や社会の、様々な立場の人がそれぞれにできることでこどもの育ちを応援し

■ こどもまんなかチャート

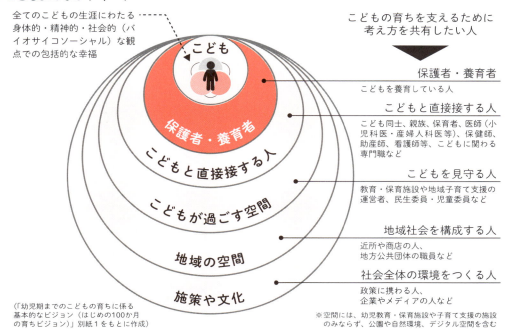

（「幼児期までのこどもの育ちに係る基本的なビジョン（はじめの100か月の育ちビジョン）」別紙1をもとに作成）

第1章　策定の背景と趣旨

ていこうということです。それをイメージ図にしたものが、上記の「こどもまんなかチャート」です。

　この図は、こどもをとりまく環境を表現しています。こどもを中心として、もっとも近くにいるのは保護者や養育者です。そして、その周りには保育者や教師のような、こどもと直接関わる人がいますし、さらにその周りには地域の公園や公共施設、医療機関、商店といったこどもが過ごす空間があります。またその周辺には、こどもにまつわる政策を立案・実現する人や、今の時代に合った働き方や家族観といった文化を担う人もいます。こうした社会の人々全てがこども目線になり、こどもの視点から政策を考えていこうということです。

　こどもの目線で政策を見直すということは、高齢者や障害を抱える人など、様々な弱い立場の人の目線から、政策を見直すことでもあります。大人もコロナ禍以降、人とのつながりが切れて孤立化が深刻になっていますから、失われつつある社会の連帯と絆（きずな）をもう一度育んでいくことにもつながります。

　こどもまんなか社会とは、特定の年齢のこどもだけを大事にしようという発想ではありません。こどもを中心に、オールジャパンで育ちを支えることで、こどもたちが心身ともに健やかに成長すれば、周りの保護者や保育者、地域の人も子育ての喜びを共有できます。こどもをまんなかにして地域の人と人がつながり合い、支え合っていくことで、年齢や立場、家族の形態等にかかわらず、全ての人がウェルビーイングを実感できる共生社会を目指しています。

基本解説 3

「こども基本法」、「こども大綱」とは?

秋田喜代美
学習院大学文学部教授
東京大学名誉教授

「こども基本法」とは?

　2022年6月に「こども基本法」が成立しました。日本では1994年にこどもの権利条約を批准・制定しています。それから30年後の2023年に日本の国内法としてこどもの人権について初めて明確に定めたのが、こども基本法です。この法律は、全てのこどもや若者が将来にわたって幸せな生活を送れる社会を実現するために、こども施策の理念を示し、国や地方自治体が施策を進めていくことを定めています。

　また、こどもは通常0〜18歳と考えられていますが、こども基本法では、こどもを特定の年齢で区切らず、「心身の発達の過程にある者」と定義しています。昨今は脳科学などの領域でも、人の脳は20代くらいまでは発達を続けると言われています。18歳や20歳といった年齢で必要な支援が途切れることなく、こどもが若者・大人となって円滑な社会生活を送れるようになるまで、全ての時期を

切れ目なく支えようというのがこども基本法の理念です。

　保育者にとって、特に重要になるのが第三条です。ここには、次の6つの基本理念が挙げられています。

①全てのこどもは大切にされ、基本的な人権が守られ、差別されないこと。
②全てのこどもは、大事に育てられ、生活が守られ、愛され、保護される権利が守られ、平等に教育を受けられること。
③年齢や発達の程度により、自分に直接関係することに意見を言えたり、社会のさまざまな活動に参加できること。
④全てのこどもは年齢や発達の程度に応じて、意見が尊重され、こどもの今とこれからにとって 最もよいことが優先して考えられること。
⑤子育ては家庭を基本としながら、そのサポートが十分に行われ、家庭で育つことが難しいこどもも、家庭と同様の環境が確保されること。
⑥家庭や子育てに夢をもち、喜びを感じられる社会をつくること。

　なかでも注目してほしいのが、理念③と④で、これらは子どもの人権のうちの意見表明権を表しています。保育施設では、意見を言葉のみでは表明できない乳

幼児期のこどもたちが生活をしています。そういうこどもたちの権利をどう尊重するかという点では、こどもの権利条約の「Respect for the views of the child」という考え方が参考になります。つまり子どもたちのまなざしや見方、そして心情を尊敬・敬愛する、という姿勢がとても大事になります。さらに年齢・発達に応じて、こどもたちにも自分自身が育ち、学ぶ主体として権利をもっていることを知ってもらうことも重要です。

「こども大綱」とは？

こども基本法の理念を具体的な政策に具現化したものが「こども大綱」です。こども大綱では、ライフステージに応じて全ての年代のこども政策が考えられ、次の6つの基本方針が示されています。

①こども・若者は権利の主体であり、今とこれからの最善の利益を図ること。
②こども・若者や子育て当事者とともに進めていくこと。
③ライフステージに応じて切れ目なく十分に支援すること。
④良好な成育環境を確保し、貧困と格差の解消を図ること。
⑤若い世代の生活の基盤の安定を確保し、若い世代の視点に立った結婚・子育ての希望を実現すること。
⑥施策の総合性を確保すること。

こども大綱は、もともとは少子化社会対策大綱、子供の貧困対策に関する大綱、子供・若者育成支援推進大綱という3つの大綱を一本にして束ねたものです。

こども基本法やこども大綱は、国が策定しているもので、個々の保育者には直接関係がないように思われるかもしれませんが、そうではありません。こども大綱を具体化するために、国はまず「こどもまんなか実行計画」を立て、それをもとに都道府県や市区町村が毎年、実行計画を立てて進めることが決まっています。2024年5月には国の5か年計画「こどもまんなか実行計画2024」が発表されましたが、それをもとにして今後、各地域の自治体が具体的なこども施策を進めていくことになります。ですから、幼稚園・保育所・認定こども園も、今後はそれぞれの管轄の自治体のこども政策が密接に関わってくることになります。

また、こども施策のなかでも、政府が今後、短期間で集中的に取り組みたいこととして挙げられているのが「こども未来戦略」です。保育施設の配置基準の変更や、保護者の就労にかかわらず希望すれば誰でも保育が受けられる「こども誰でも通園制度」などが取り上げられています。こども誰でも通園制度は自治体への補助金ではなく、給付といわれる新たな体系で行われる施策で、自治体ごとの財政状況の格差や所得制限等もなく、全国誰でも地域の園や子育て支援センター等で希望すれば月一定時間の保育を受けることができるようになっていくはずです。こうした施策が順次、実行されていくと、保育の対象や配置基準、保育施設に求められる役割など、「保育」とよばれる内容が従来とは大きく変わっていくことが予想されます。

第1章 策定の背景と趣旨

基本解説 4

「はじめの100か月の育ちビジョン」とは？

秋田喜代美
学習院大学文学部教授
東京大学名誉教授

関連箇所
幼児期までのこどもの育ちに係る基本的なビジョン（はじめの100か月の育ちビジョン）（本書P.59〜）

人生のはじめの大事な100か月

こども基本法を踏まえ、「はじめの100か月」の育ちを社会全体で支えていくために、こども家庭庁を中心に政府が定めたのが「幼児期までのこどもの育ちに係る基本的なビジョン（はじめの100か月の育ちビジョン）」です。

100か月というのは、妊娠期から乳幼児期、そして幼保小の接続連携が重要になる就学前後、小学校１年生の終わりまでを含めています。つまりおなかの中の10か月、出産後からの７年間（84か月）と就学後の１年間（12か月）で合計約100か月です。この期間はこどもの人生のはじめの100か月であり、こどもが生涯にわたるウェルビーイング、より詳しくいうと身体・心・社会（バイオサイコソーシャル）の全ての面で幸せを築いていくうえで、特に大事な100か月とされています（P.20・60参照）。そこで、こども家庭庁と文部科学省が連携し、学童

期への架け橋期を含めて、こどもの育ちを一貫して切れ目なく支えていこうとしています。

「切れ目なく」としているのは、実はこの時期は、こどもが育つ環境の変化が大きいときだからです。家庭での保育から就園するときもそうですし、小規模の乳児保育施設から地域の他園に移行する転園もあります。保育施設から小学校への就学も大きな変化になります。これらの節目にも、こどもにとって段差がなく安定した環境を提供できるように、また、こどもがどこに行っても安心して自分の居場所をもてるようにすることが重要視されています。

特に保育者に知ってほしいことは？

「はじめの100か月の育ちビジョン」では、次の５つの大事な理念が掲げられています（P.36・70参照）。①こどもの権利と尊厳を守る、②「安心と挑戦の循環」を通してこどものウェルビーイング

■「はじめの100か月の育ちビジョン」と他の法令などとの関係

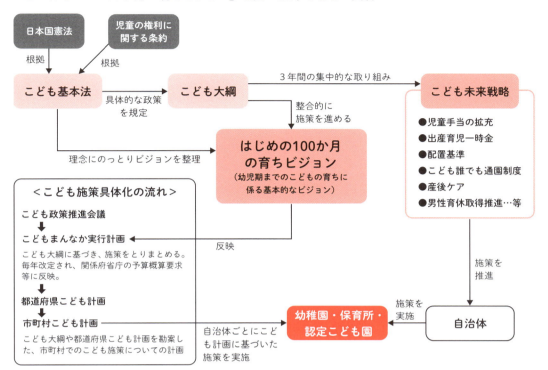

を高める、③「こどもの誕生前」から切れ目なく育ちを支える、④保護者・養育者のウェルビーイングと成長の支援・応援をする、⑤こどもの育ちを支える環境や社会の厚みを増す。

それぞれの理念の詳しい解説は他章にゆずりますが、ここで特に保育者に考えておいてほしいのは、理念の②「安心と挑戦の循環」というところです。

幼いこどもが安心して過ごすためには、身近な人とのアタッチメント（愛着）の形成が基盤になります。愛着というと、これまでは保育者養成校でも母子の関係が一番重要と説明されてきましたが、最近では愛着を形成する相手は母親だけに限らないことも明らかになっています。専門用語でアロペアレンティングといっ

て、人類はもともと両親のほかに祖父母やきょうだい、仲間など、こどもの周囲のいろいろな人が子育てに参加し、支えてきた歴史があります。つまり愛着形成の相手は母親だけでなく父親もそうですし、保育者のようなこどもの身近な存在も重要になります。特に今は産休明けから職場復帰をして、乳児のうちに保育施設に通うこどもも増えています。保育者がこどもと安定した関係を築くことがより重要になっています。身近な人との安心できる関係がベースにあることで、こどもは行ってみたい、やってみたいという気持ちが生まれ、周りの環境に働きかけて挑戦していくことができます。

ただし、安心していればこどもは誰でも挑戦するわけではありません。こども

が挑戦しようと思うには、こどもの心が動くことが大事です。心が動くためにはワンダー（不思議）や知的な興味・好奇心が生まれることが必要です。さらに心が動いても、こどもは初めてのものやことに対しては不安や恐れを抱きます。やってみたいけれど怖いというような、いろいろな裏表の気持ちが揺れ動くなかで、周囲の保護者や保育者・教師・仲間などが「大丈夫だよ」「どうしたいの？」「こうやってみる？」と支えてあげる関係があることが大切です。

また、こどもの心が動くためには、こどもにとって魅力的な素材やおもちゃ、環境や活動が用意されていて、興味をもったことにじっくりと取り組める空間や時間を十分に確保されていることも不可欠です。そうした条件が整ってはじめて、こどものなかに「安心と挑戦の循環」が生まれていきます。これは"ビジョン"のなかでは必ずしも詳しく説明されていませんが、ぜひ保育者の皆さんに知っていただきたいところです。

保育者にできることは？

「はじめの100カ月の育ちビジョン」がスタートし、個々の保育者がそれぞれの職場でできることは、どのようなことでしょうか。それは、まず「こどもの声を聴く」ことです。保育者は大勢のこどもを保育しなければならず、特定のこどもとゆっくり関わり、その子の思いをくみ取るのが難しいことがあります。特に乳児ではその思いも非言語的なところで、食が細くなったりおもらしをしたりなど、様々なかたちで現れます。表情や行動、生活面などの様々な要素から、思いをキャッチしていきましょう。

こどもの機嫌や体調がすぐれないときは、保護者から家庭の様子を聞くことも大事です。異変に気付いて保育者が「どうしたの？」と尋ねても、こどもからは「なんでもない」などあいまいな返事しか返ってこないことがあります。他の保育者とも連携しながら保護者と信頼関係を築き、こどもについて情報を共有していくのも、「こどもの声を聴く」ことの一環です。

次に、「こどもの主体性を大切にする」ことです。保育者から見ると主体性が見えにくい場合もあります。たとえば保育者が水遊びの準備をすると、多くの子ははすぐに喜んで遊びます。しかし、なかには、みんなが終わった後にやっと来て始めるような子もいます。そうした姿は主体性がないように一見見えますが、大

第1章 策定の背景と趣旨

勢のなかでやるのが苦手な場合もあります。こどもが自己発揮できるかどうかは環境やタイミングによっても異なります。落ち着きがないといわれる子も、大勢がいる環境で話を聞くのが苦手なだけかもしれないですし、遊びでも大人が先回りをしすぎてこどもの思いを潰してしまうこともあります。逆にいえば、保育者がこどもを理解しようと積極的に探究することで、こどもの主体性は発揮されます。理解しがたいこどもの言動も、「なぜそうするんだろう」と思いを馳せ、こどもを見守り支援していく。それが、こどもの権利を守り、こどもの主体性を発揮できることにつながっていきます。

なぜ、育ちのビジョンを全ての人と共有するの？

保育者は、保護者とともに「はじめの100か月」という、こどもの人生のはじめの重要な時期の育ちを支える、重要な担い手の一人です。でも、「はじめの100か月の育ちビジョン」の内容は保育者だけでなく、こども自身や保護者にも広く知っていただきたいものです（P.68参照）。こども家庭庁のウェブサイトには、保育者などの専門職向けのほか、子育て当事者向けなど、様々な人のためのパンフレットや動画類が掲載されています。保育施設内での研修や保護者会・入園説明会といった機会に、ぜひ共有して活用してください（P.18参照）。

また、このビジョンは、こどものいない世帯や高齢者も含め、国民全員に理解してもらうことも大切です。なぜなら、ここに掲げられたこども施策の実現には国のこども予算が使われますが、それで足りない分は、国の医療保険制度に上乗せするかたちで、国民から徴収した保険料があてられていくからです。国民がその人に応分の能力で保険料を出してくださることで、これらのこども施策が実行されていきます。だからこそ国民全員に、皆さんが負担した保険料がこのようにこども・若者の支援に使われていること、そして国民みんなで人間の育ちの一番重要なところを支え、それが次の社会をつくっていくことにつながると理解してもらう必要があります。

地域の方々とコミュニケーションをとる機会があれば、ぜひこの「はじめの100か月の育ちのビジョン」について、対話をしてみてください。そうした取組が地域社会全体でこどもを育てていく基盤になります。

はじめの100か月の育ちビジョン

資料 & 研修動画

こども家庭庁では、ウェブサイトで、「はじめの100か月の育ちビジョン」の理解に役立つ資料や動画を公開しています。ご自身の学びや研修に役立てましょう。

●**こども家庭庁ウェブサイト**

幼児期までのこどもの育ちに係る基本的なビジョン
（はじめの100か月の育ちビジョン）

URL
https://www.cfa.go.jp/policies/kodomo_sodachi

●**専門職の方に向けた研修ガイドブック**

URL
https://www.cfa.go.jp/assets/contents/node/basic_page/field_ref_resources/285e4915-7107-4fe2-8a75-b5a354685cc9/6fa7ef5f/20240404_policies_kodomo_sodachi_semmonshokumuke_02.pdf

●**専門職の方に向けた研修動画**

URL
https://www.youtube.com/watch?v=A3Hliv7uqxk

第 **2** 章

キーワードで見る "ビジョン"の ポイント

「幼児期までのこどもの育ちに係る基本的なビジョン
（はじめの100か月の育ちビジョン）」を理解するために、
おさえたい10のキーワード。
それぞれをわかりやすく解説し、
保育の場での対応のポイントも紹介します。

キーワード解説 1

「はじめの100か月」とは？なぜ大事なの？

大豆生田啓友
玉川大学教育学部教授

関連箇所
はじめに（本書P.60）
1．はじめの100か月の育ちビジョンを策定する目的と意義（本書P.62）

はじめの100か月とは？

令和5年12月22日、「幼児期までのこどもの育ちに係る基本的なビジョン」、別称「はじめの100か月の育ちビジョン」が閣議決定されました。

この「はじめの100か月」とは、母親の妊娠中からこどもが小学校1年生までの期間を指します。母親のおなかの中にいる胎児期から出産後の乳幼児期、そして就学後約1年間の月数を合計すると、およそ100か月になります（下図参照）。

この期間はこどもの人生の一番はじめの100か月であり、こどもの生涯にわたるウェルビーイング向上のために、とても重要な時期だといわれています。

ヒトの脳と心の育ちにとって特別な時期

乳幼児期が大事なことは、これまでも幼児教育のなかで繰り返し指摘されてきましたが、今回の"ビジョン"で「はじめの100か月」を重視していることには科学的な根拠があります。

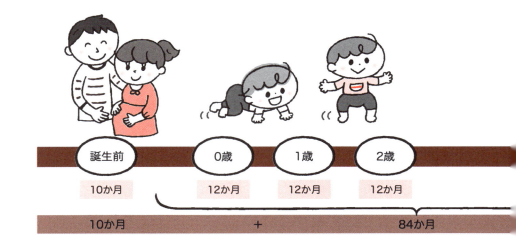

第2章 キーワードで見る "ビジョン" のポイント

一つ目は、「生物としてのヒトの脳と心の育ち」にとって重要な時期だということです。京都大学の明和政子教授は「はじめの100か月」のこどもの脳と心の特徴について次の3点を挙げて説明しています。「(1) 環境の影響を特に強く受けて脳が可塑的に変化する特別の時期がある（脳発達の感受性期）、(2) 乳幼児期の環境経験は、その後の脳と心の発達に直接的に影響する、(3) ヒトの脳の成熟には、長い時間（25年）が必要」。

つまり、はじめの100か月はヒトの脳が発達していく特別な時期（感受性期）であり、この時期によい環境を与えられ、幸せに満たされて生きられたかどうかが、その後の人生にも大きく関わってくるということです。「ヒトは環境の影響を受けながら、長い時間をかけて脳を発達させる生物」（明和氏）であり、その全ての土台となるのが「はじめの100か月」といえます。

このことは"ビジョン"のなかでも次のように記されています。「乳幼児期は、脳発達の『感受性期』と言われ、脳発達において環境の影響を受けやすい限定された時期の一つであるなど、生涯にわたるウェルビーイング向上にとって、特に重要な時期である。また、生涯の健康や特定の病気へのかかりやすさは、胎児期や生後早期の環境の影響を強く受けて決定されるという考え方もあるなど、『こどもの誕生前』も含め、育ちを支える基盤的時期として捉える必要がある」。

各国の研究で科学的根拠が明らかに

また、100か月を重視する根拠の二つ目に、幼児教育における各国の研究成果があります。「はじめの100か月の育ちビジョン」にも「『育ち』の側面と両輪をなす『学び』の側面からも、米国における研究で、質の高い幼児教育は長期にわたって影響を与えるとされているなど、幼児期までの重要性は世界的にも確

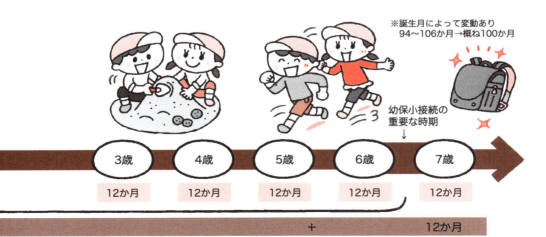

（こども家庭庁発表資料をもとに作成）

認されている」とあります。

「はじめの100か月の育ちビジョン」の出典として直接挙げられているものではありませんが、米国の幼児教育研究で有名なものには、ノーベル経済学賞を受賞したジェームズ・ヘックマン教授の学説があります。ヘックマン教授が注目したのが、1960〜70年代に米国で行われた社会実験です。経済的に恵まれない層の幼児に就学前教育を行い、その後長期にわたって追跡調査をしたところ、幼児教育を受けたこどもたちは受けなかったこどもに比べ、成長後の最終学歴や収入、持ち家率が高くなるなど、長期にわたってよい影響が確認されました。これらの研究により幼児教育の重要性が科学的に裏付けられ、幼児教育を推進する世界的な潮流が生まれました。

日本でも、どの施設に通うこどもでも質の高い教育を受けられるように要領・指針が改訂（定）され、「幼児期の終わりまでに育ってほしい姿」（10の姿）等が示されたことは、皆さんもご存じの通りです。

社会全体で はじめの100か月を支える

さらに、今回の「はじめの100か月の育ちビジョン」を読み解くうえで忘れてはならないのが、「はじめの100か月」の重要性が、保育者などの専門職だけでなく、社会全体で広く共有されていくことです。"ビジョン"では「こどもの生涯にわたるウェルビーイングの基礎を培い、人生の確かなスタートを切るために最も重要であるこの時期への社会的投資こそが、次代の社会の在り方を大きく左右する。そのため、こどもと直接接する機会がない人も含め、社会全体にとっても幼児期が極めて重要であることが、全ての人の間で共有されなければならない」と記載されています。

つまり直接こどもに関わる保育施設や保護者が「はじめの100か月」を支えるだけでなく、こどもと直接関わらない一般社会の人も「はじめの100か月」の重要性を知り、社会全体でこの時期のこどもを大切に支えていくことが、国の未来を創ることにつながるという方針が示されたのです。

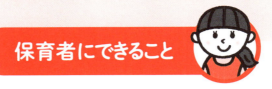

保育者にできること

保育者へのエールと期待

大豆生田啓友 玉川大学教育学部教授

大事な「はじめの100か月」を担う仕事

こどもの「はじめの100か月」は保育施設で過ごす時期と重なります。特に0歳で入園する場合、100か月のほとんどを保育施設で過ごすことになります。保育とは、こどもの人生の基礎となる大事な100か月の育ちを支える仕事であることを再確認し、誇りをもってこどもに関わってほしいと思います。

「はじめの100か月の育ちビジョン」で保育のポイントとなるのが「アタッチメント（愛着）」の形成と、それに基づく「安心と挑戦の循環」です。保育者はこどもが不安なとき、困ったときに頼れる"安全基地"となり、安心して新しい遊びや体験に挑戦していけるようにサポートをしていきましょう。

こどもへの関わり方を示すモデルに

乳幼児期の大切さについて、社会全体で十分に共有されているかというと、残念ながらそうではありません。こどもに関わる経験が乏しく、育児に不慣れな保護者もいますし、こどもは大人に従うべきという古い価値観の人もいます。

保育者は「はじめの100か月」がこどもの人生にとっていかに大切な時期なのか、保護者会などで積極的に発信していきましょう。同時に、幼いときからこどもを一人の人として尊重し、その育ちを応援する関わり方を示し、「こどもまんなか社会」を支える専門職として、一般の人のモデルになってほしいと思います。

地域の資源とつながり、こどもを支えていく

今回の「ビジョン」では「全てのこどもへのひとしい保障」ということも謳っています。保護者の就労状況、保育施設への通所・通園の有無、障害・疾病の有無で、こどもが受けられる支援に差が出ないようにすることが目指されています。そのため今後は、理由にかかわらず誰でも保育を利用できる「こども誰でも通園制度」「障害児や医療的ケア児の支援充実」などの取り組みも始まっていきます。保育者は、自施設内だけでなく行政や医療機関、福祉施設など、いろいろな地域の資源とつながって、多様なこどもを支えていくことを考えましょう。

第2章 キーワードで見る"ビジョン"のポイント

キーワード解説 2

「ウェルビーイング」、「バイオサイコソーシャル」とは？

秋山千枝子
医療法人社団千実会あきやま子どもクリニック院長

> **関連箇所**
> 1. はじめの100か月の育ちビジョンを策定する目的と意義
> ・生涯にわたる身体的・精神的・社会的ウェルビーイングの向上（本書P.62）

ウェルビーイングとは？

1946年に採択された世界保健機関憲章で、単に病気ではないということではなく身体的（physical）にも、精神的（mental）にも、そして社会的（social）にも「よい状態」（well-being）を"健康"と呼んだことが始まりです。

1997年世界保健機関（WHO）の第4回健康づくり国際会議で採択された「21世紀に向けた指導的健康促進のジャカルタ宣言」で、健康に対する社会的な要因が強調されました。健康の社会的決定要因（Social Determinants of Health：SDH）と呼ばれ、WHOによると、SDHは健康に関する転帰（結果）の30〜55％を説明できるとされています。格差は、国や地域の間での話に限定されるものではありません。日本においても、家庭の経済的な格差や地域格差が個人（特にこども）の健康に影響を及ぼすであろうことは皆さんも容易に想像されると思います。主として集団の健康を考える公衆衛生学の観点から健康に影響する社会的な要因についてエビデンスに基づく政策立案（Evidence-based Policy Making）が国際的に進められています。公衆衛生学をマクロの視点とするならば、ミクロの視点となるこども一人ひとりについてもウェルビーイングを達成することが求められます。

バイオサイコソーシャルのバランスは変化する

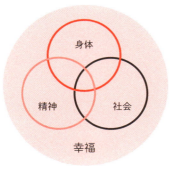  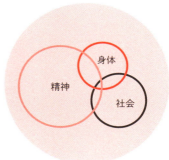

バイオサイコソーシャルとは？

アメリカの精神科医エンゲルは、1977年に『Science』誌に従来の生物医学的（biomedical）な考え方に替わる新しい医療のモデルとして、バイオサイコソーシャル（biopsychosocial）という考え方を発表しました。身体的な健康や遺伝要因といった生物学的な要因、ストレスへの対処スキルや精神的な健康といった心理的な要因、そして仲間や家族との関係といった社会的な要因が相互に影響して病気の進展に関与するとしたわけです。

日本のこどもたちは幸福？

国連児童基金（UNICEF）は、2020年に様々な公衆衛生学的な指標を用いてこどもの幸福度について各国の状態を評価したレポートを発表しました。国レベルの環境からこども個人の行動に至るかたちで幸福を多層的・多面的な構造でとらえ、それぞれがこどもの幸福度に影響すると考えました。先進国と言われる経済協力開発機構（OECD）に加盟している38か国の中で、日本は乳幼児死亡率の低さなどから身体的健康（physical health）は1位にありますが、こどもの自殺率の高さなどから精神的幸福度（mental well-being）は37位、学力や社会的なスキル（skills）などは27位にあり、総合順位は20位でした。つまり、日本のこどもたちは世界的に見たときに決して幸福とはいえないわけです。

バイオサイコソーシャルの視点で考えてみよう

バイオサイコソーシャルの視点で一人ひとりのこどもを見たときに、バランスよく整っている子もいるし、身体に何か心配なことがある子、精神的な問題もある子、全体的にうまくいってないような子もいるでしょう。上記の図のように、一人ひとりが異なり、多様な社会を構成し、また、その時その時で変化をしてい

第2章 キーワードで見る"ビジョン"のポイント

■ こどもをとりまく状況

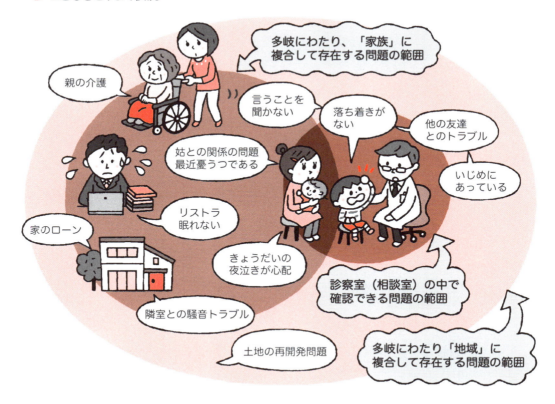

連携して こどもと家庭を支える

こどもと関わっている関係者は、親子あるいは家庭のなかに様々な課題があることに気付いていると思います。例えば、「落ち着きがない」と病院を受診したこどもがいて、その子は園では他の子とトラブルになっているかもしれません。一緒に来た母親はもちろん、この家庭には多岐に渡って問題を抱えているかもしれません。一機関だけでこれだけの状況を把握することは難しく、こどもと家族の背景を多職種で集約・整理して適切で効果的な支援につなげることが必要です。

また、各領域でバイオサイコソーシャルの視点を統一することで、専門職一人ひとりが同じ視点で親子を見ることができ、支援の見落としがなくなることでしょう。妊娠期から産前・産後、乳幼児健診、園や学校へと切れ目なく支援をつなぐことが可能になります。

保育者にできること

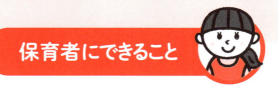

園で育むウェルビーイング

秋山千枝子 医療法人社団千実会あきやま子どもクリニック院長

安心・安全な時間を保障する

　ウェルビーイングを高めるために、園で何ができるか、バイオサイコソーシャルの視点【精神・身体・社会】で考えてみましょう。

　特に重要なのは、「愛着の形成」と「遊びと体験」です。園では安全で安心できる時間を保障します。大人から否定されることなく、なんでも自由に安心して話せる環境が大切です。自分の気持ちを上手に表明できる子ばかりではありませんし、保育者は場の全体の様子に目を配る必要もありますが、特に遊びの時間は、こどもと視線を合わせて話しましょう。こどもの思いを周りに共有し、体験を増幅させ言葉につなげていくことを目指します【精神】。また、友達とのやり取りや集団での行動を認め、ほめることも欠かせません。すぐには行動に移せないこどもには、不安や心配なことがないか注意を払い、「どうしたのかな」と声掛けをします【精神】。

信頼できる大人だとこどもに伝えるために

　保育者が保護者と落ち着いたやり取りをする様子をこどもに見せることで、信頼できる大人だと認識されることを目指します【精神】。登園時などに保護者から離れられない子は多いものです。保護者にはまず、「こどもが愛着を示している」と伝えますが、家庭で思い当たる原因があるかも確認しましょう【社会】。その子は、他の場面でも怖がるなどの姿が見られるかもしれません。どれくらい続いたら専門機関等の相談の利用を提案するか職員間で判断を共有しておきましょう。

保護者支援

　園であったことをこどもから保護者に報告してもらい、保育者はサポート役になりながら、保護者が家庭の様子を話せるような関係を築きましょう【社会】。

　また、身体測定の結果は成長曲線にあてはめて記録しましょう。成長速度に変化があれば家庭の環境に変化が生じたことを推測しながら質問します【身体】。

　保護者からの相談は、一人で抱え込まず、同僚や園長にも確認します。その上で、「（担当課の名称ではなく）〇〇さんに聞いてみましょう」と保護者に伝えられるよう、公的機関の担当者を知っておくとよいでしょう。

第2章 キーワードで見る"ビジョン"のポイント

キーワード解説 3

「乳幼児の思いや願い」とは?

古賀松香
京都教育大学教育学部教授

> **関連箇所**
> 1.はじめの100か月の育ちビジョンを策定する目的と意義
> ・こども基本法の理念（本書P.66）

周囲との関わりのなかで思いや願いが生まれる

　生まれたばかりの赤ちゃんは、おなかがすいたり、眠くなったりと不快なことがあると泣きます。泣いている赤ちゃんの様子を受けて、大人はなんとかしたいと抱き上げたり、おむつがぬれていないか確かめたり、おなかがすいているのかなと唇を触ってみたりします。そうやって、大人に温かく、丁寧に受け止められることで、赤ちゃんは泣きやんだり、次第に落ち着いたりと、変化していきます。

　このように、生まれて間もなくから、赤ちゃんは一人の人として外に向けて自分を表していく、「主体」として生きています。そして、そんな赤ちゃんの頃から私たちは、どんなときも周囲から独立した個として存在することはできず、人や物と互いに影響を与え合う関係のなかで生きています。そうやって主体として

周囲に関わり合うなかで、こどもの思いや願いが生まれてくるのです。

安心したい

　では、どのような思いや願いをもっているのでしょうか？　こどもは周囲との様々な関わりのなかで、明確な言葉になる前の思いや願いをもっています。「安心したい」もその１つです。乳幼児期のこどもの身の回りは、初めて出会う人・物・物事にあふれています。自分の身の回りの物の性質や関わり方がわからないとき、そのわからなさが大きくなると不安を感じるものです。抱っこや手をつなぐことを求める姿で、こどもは「安心したい」という思いを表現します。普段からこどもの「安心したい」思いを受けとめている身近な大人は、こどもにとって安心感の拠点となっていきます。こどもは次第に親しい身近な大人を安心感の拠点として、周囲の物に関わっていこうとしますが、時折思わぬことが起こって驚き、不安になって戻ってきて抱っこを求

めたり、大人の足にしがみついたりして、安心を取り戻そうとします。

満たされたい

「安心したい」思いには、十分に「満たされたい」思いも含まれています。何かに不安を感じて抱っこしてもらったときに、十分に満たされないうちにおろされてしまうと、また不安になってしまいます。十分に満たされたいのです。他にも、こどもが興味や関心をもって何かに関わっているときに、途中でお片付けの時間になっても満足できず、関わり続けようとする姿が見られます。興味や関心が十分に満たされて、はじめて次のことに自分から目を向けるようになります。

関わってみたい

こどもは親しい身近な大人を安心感の拠点として、周囲の人や物、物事に目を向けるようになります。じっと見つめて自分から手を伸ばして触ろうとしたり、まだ言葉がしゃべれなくても、「あーあー」「うーばばば」と喃語で話しかけようとしたり、「関わってみたい」思いを表現します。手を伸ばして触れてみたら、ボールが転がっていったり、音が鳴ったり、積み木が倒れたり、また、「なーに？」と聞き返してくれたりと、様々な反応が返ってきます。その反応を面白く感じて、さらに関心をもって関わろうとし、いろいろな関わり方を試すようにもなっていきます。

遊びたい

こどもの「関わってみたい」という思いは、周囲と直接的に触れ、そこで生じる感覚を楽しみ、関わり方を変えて試したり、さらに返ってきた反応を見て考えたり工夫したりと発展性をもっています。こどもの遊びは、休み時間の息抜きではなく、周囲の身近な人や物、物事に対して心を傾けて関わっていくプロセスそのものを指します。名前のない遊びもたくさんあるのです。こどもは周囲に関わるなかで関わりに夢中になり、夢中になるなかでさらに知りたい・やってみたいと関心や意欲を抱き、もっと「遊びたい」と関わりを深めていきます。

認められたい

こどもは怒ったり泣いたりするものです。どんな思いや願いが表現されても「あなたはそう感じたんだね」とまずは共感的に受け止めることで、少しずつ落ち着いていきます。また、こどもは周囲に関わっていくなかで、様々なことを発見します。その発見やおもしろさを、親しい大人や友達に知らせたくなります。「あ、あ」と指差ししたり、「見て！」「聞いて！」と話しかけたりして、「認められたい」思いを表現します。そのとき、周囲にそのよさを認められることで、自分の存在価値を感じ、前向きに楽しんで関わりを深めていくようになります。

第2章 キーワードで見る "ビジョン" のポイント

保育者にできること

こどもの思いや願いと共にある保育を

古賀松香 京都教育大学教育学部教授

乳児の思いや願いを読み取る

　乳児の思いや願いは、空腹や眠気等、身体的な状態から生まれることもありますし、身の回りの具体的な状況に関わるところで生まれることもあります。風に揺れるモビールの様子を見て、手を伸ばしているこどもの行為に、私たちは「触ってみたいのではないか」と、興味・関心のニュアンスを感じ取ります。

　言葉で表現しにくい乳児の思いや願いを読み取るには、このように、何を見つめているか、どんな体の動きをしているか、まなざしや表情、声の調子、手足の動き、それらの軟らかさ、または硬さ等、身体的な微細な様子をよく感じ取ろうとすることが大切になります。

今の思いや願いを捉える

　こどもの行為は、こどもの内面にある思いや願いの表れとして、受け止めていくことが求められますが、このとき「Ａの行為イコールＢの思いや願いの表れ」という公式はありません。

　この行為はどのような思いや願いの表れなのかなと、こどもに思いを寄せながら、保育者もこどもの仲間になって、一緒に物を見たり触れたりし、こどもの様子を見取っていきます。その際、一人ひとり異なる性格的な特徴やこれまでの経験、育ちの背景、その場の状況を踏まえ、その子の今の思いや願いを丁寧に捉えようとすることが重要です。

乳児の思いや願いを読み取ったら？

　ここで求められるのは、乳児の思いや願いを正確に解釈することではなく、こどもと横並びで体験しながら、保育者自身が主体として感じる感覚を生かして、その物事の面白さやすてきさを言葉にしたり、驚きやうれしさを表情や声で表したりしていくことです。そうすると、こどもがまた感じたことを表してきてくれるので、やりとりのなかで少しずつこどもの思いや願いに近づいていくことができるのではないでしょうか。そういった言葉ではない表現で表されるこどもの思いや願いを丁寧に受け止めようとすることは、こどもが周囲に丁寧に受け止められる大事な存在であると伝えることでもあります。また、こういったこどもに向かう基本的な姿勢は、言葉の表現が発達してきたこどもたちとのコミュニケーションの基盤にもなります。

幼児の思いや願いを読み取る

　こどもは、成長とともにだんだんと言葉でいろいろなことを表すようになってきます。「いや！　自分で！」と強く自己主張してくる姿や、「絵本読んで」と要求してくる姿、「一緒に鬼ごっこしよう」と遊びに誘ってくる姿等、様々に思いや願いを表現する姿が見られるようになります。言葉でのやりとりもどんどん内容が込み入ってきて、楽しくなっていきます。

言葉の奥の思いを想像する

　こどもの言葉で表されている内容が、こどもの思いや願いそのものだと受け取ってしまうことには注意が必要です。

　こどもが「絵本読んで」と要求してくる場面を思い浮かべてください。本当にその絵本に興味があって、読んでほしいと言っているのかもしれませんし、一緒に遊びたかった友達の遊びにうまく入れなくて、そばにあった絵本を持って保育者のところに来たのかもしれません。はたまた、朝一番に大好きな保育者の膝に座って安心したくて、絵本を持って来たのかもしれません。

　常に、言葉とともに発せられている表情や声の調子、周囲との関係を見取り、「絵本読んで」という言葉の奥にあるこどもの思いや願いはどのようなものか、想像しながら受け止めていくことが大切になります。また、その場面でのこどもの様子のみならず、昨日までの様子、最近の友達関係、保護者との生活、今朝の保護者との別れ際の様子等、様々な前後の文脈や経緯と考え合わせていくことも必要になります。

振り返りを大切に

　実際の保育では、その場そのときには、保育者も一緒にその遊びや関わりを楽しむことが大切で、こどもの思いや願いを明確に捉えきれないことも多いことでしょう。関わりのなかで感じられたことをあとから振り返って、こどもの思いや願いはどのようなものだったのかと、具体的な姿を思い起こしながら、様々な可能性を考えてみてください。

　こどもの思いや願いに思いめぐらし、明日出会ったときにまた楽しく充実して遊べるように、こちらの心を柔軟にしておくことが、様々なこどもの思いや願いを受け止めて楽しむ保育につながっていくのではないでしょうか。

キーワード解説 4

こども基本法にのっとった ビジョンの「理念」とは?

大豆生田啓友
玉川大学教育学部教授

> **関連箇所**
> 1．はじめの100か月の育ちビジョンを策定する
> 目的と意義
> ・こども基本法の理念（本書P.66）

こども一人ひとりの 尊重と権利の保障

「こども基本法」は、日本国憲法及び児童の権利に関する条約の精神に基づき、こども施策を強力に推進していく包括的な法律として令和4年6月に成立、令和5年4月に施行された法律です。こども基本法にのっとった「はじめの100か月の育ちビジョン」の理念には、次の4点が挙げられています。それぞれについて順に解説します。

（1）全てのこどもが一人一人個人として、その多様性が尊重され、差別されず、権利が保障されている（全てのこどもが、生まれながらにして権利を持っている存在として、いかなる理由でも不当な差別的取扱いを受けることがなく、一人一人の多様性が尊重されている。：こども基本法第3条1号関係）

これは後述する38ページの「5つのビジョン」❶とも重なりますが、こどもが権利の主体者であることを示すもので

す。当たり前のことですが、大人にしてはいけないことはこどもにもしない、幼いこどもも一人の人として尊重することです。

また「全てのこども」が「差別的取扱いを受けることがなく」と書かれているのは、障害や病気のあるこども、国籍・文化的背景が違うこどもなど、多様なこどもがそれぞれに尊重されるということでもあります。一人ひとりの個性や違いがきちんと受け止められることが、このビジョンの理念の特徴です。

安全・安心に生きること 育ちの質を保障

（2）全てのこどもが安全・安心に生きることができ、育ちの質が保障されている（どのような環境に生まれ育っても、心身・社会的にどのような状態であっても、全てのこどもの生命・栄養状態を含めた健康・衣食住が安全・安心に守られ、こども同士がつながり合う中で、ひとしく健やかに育ち・育ち合い、

学ぶ機会とそれらの質が保障されている。：こども基本法第3条第2号関係）

こどものウェルビーイングの根幹となるのが安全・安心です。アタッチメント（愛着）や心の安全基地は、どのこどもにも必要なものです。自分の存在がきちんと受け止められ、愛されて安心して生きていく、事故や危険からしっかり守られていくことが重要です。

ここで書かれている「育ちの質」とは、まず食べること・寝ることがしっかり保障されるのが乳幼児期に重要であることを示しています。また「育ち合う」というのは、多様な人たちのなかで育つこと。親子の関係だけでなく、同年齢・異年齢のこどもたち、あるいは、普段とは異なる大人との関わりなど、多様な人のなかで育つことです。さらにここでの「学び」とは、「幼保小の連携」や教科学習という狭い意味だけではなく、遊びと体験を通じてこどもが自分の世界を広げていく、生まれてからずっと生涯続いていく大きな意味での「学び」を指しています。

声にならない思いが聴かれ主体性が大事にされる

（3）こどもの思いや願いが受け止められ、主体性が大事にされている（乳幼児期のこどもの意思は多様な形で表れる。こどもの年齢及び発達の程度に応じて、言葉だけでなく、表情や行動など様々な形でこどもが発する声や、声なき声が聴かれ、思いや願いが受け止められ、その主体性が大事にされ、こどもの今と未来を見据えて「こどもにとって最も善いことは何か」が考慮されている。：こども基本法第3条第3号及び第4号関係）

これは、こども基本法の「意見表明権」と呼ばれるものです。こどもの声を聴き、思いや願いを受け止める。言葉に出てくる思いだけでなく、声にならない声も聴くということです。つまり身近な保護者や保育者がこどもに「あなたはどうしたい？」と尋ねることが基本になります。たとえば、乳児のおむつが濡れて泣いているとき、周りの大人は「あらあら、おむつが濡れちゃったね、気持ち悪いから替えましょう」と声をかけてすぐ交換するでしょう。しかし、そういうときにも「おむつが濡れて冷たい？」「あなたはどういう気持ち？」「どうしてほしい？」とその子の思いを聴き取りながら対応するような姿勢です。

最近では、こどもたちの意見を取り入れて行事を計画する園や、幼児が仲間同士でお互いの思いを話し合うミーティン

第2章　キーワードで見る"ビジョン"のポイント

グタイムを設ける園もあります。「あなたはどうしたい？」「あなたはどう思う？」が聴かれているかどうかが、こどもの主体性を尊重する保育か否かを分けます。

子育ての喜びを実感できる社会に

（4）子育てをする人がこどもの成長の喜びを実感でき、それを支える社会もこどもの誕生、成長を一緒に喜び合える（身近な保護者・養育者が、社会とつながり合い、社会に支えられ、安心と喜びを感じて子育てを行うことがこどものより良い育ちにとって重要である。保護者・養育者が、子育ての様々な状況を社会と安心して共有することができ、社会に十分に支えられているからこそ、こどもの誕生、成長の喜びを実感することができ、社会もそれを一緒に喜び合うことができる。：こども基本法第3条第5号及び第6号関係）

現代は子育ての負担感、ストレスが大きくなっていると言われます。4点めの理念では、こどもがウェルビーイングであるためには、子育てをする保護者・養育者のウェルビーイングも重要だということを言っています。保護者は保育というサービスの単なる受け手ではなく、

「こどもの育ちってこんなにすごいんだ！」と喜びや手応えを感じられようになることが重要です。辛い子育てが楽になるというだけではなく、こどもといることに喜びを感じ、子育てを通じて保護者も人として成長する「共育て・共育ち」の関係をつくっていこうというのが、これからの国の役割です。

これらの理念に基づいて施策を推進

このビジョンの対象であるこどもたちは、たとえ明確な言葉をもたない乳児期であっても「安心したい」「満たされたい」「関わってみたい」「遊びたい」「認められたい」といった様々な思いや願いをもっています。そうした思いをもったこども一人ひとりが尊重され、安全・安心な環境のなかで育つことができるように保障していこう。そして、身近でこどもを支える保護者・養育者も安心して子育てに取り組み、子育ての喜びを感じられる社会をつくろう。そうしたことが、このビジョン全体を貫く理念となっています。この理念に基づいてより具体的な「5つのビジョン」や、様々なこども施策が示されています。

保育者にできること

「その子らしく」いられる保育を

大豆生田啓友 玉川大学教育学部教授

「あなたはどうしたい？」を これまで以上に大切に

「はじめの100か月の育ちビジョン」の理念を保育のなかで生かすためには、あらためてこどもが権利の主体者であることを理解し、一人の人として尊重しているかを再確認してほしいと思います。幼いこどもは必ずしも自分の思いを言葉でうまく表現できるわけではありませんが、「あなたはどうしたい？」と問いかけ、こどもの表情や行動などに表れる声なき声も丁寧に拾っていくことが大切です。園には様々な家庭環境や成育歴、個性をもつ多様なこどもたちが通ってきます。どの子も「その子らしく」いられるためにはどういう保育が最適なのか、各園で考えてみてください。

主体性を大事にすると わがままになる？

よく「こども一人ひとりの主体性を大事にする」というと、「こどもの言いなりでは、わがままな子になる」と心配する人がいますが、決してそうではありません。また、主体性を大事にすることは、こどもの言いなりになることでもありません。たとえば一斉の散歩で「もう歩きたくない」という子がいた場合、「そんなこと言わないで」ではなく「そうだよね、これまで頑張ったものね」と気持ちを受け止める。それがこどもを尊重することです。そうして自分を受け止められ、大事にしてもらったこどもは、自分の感情をコントロールしたり、他者を思いやったりできる人に育っていきます。

「個」を尊重しながら、 仲間とつながる活動も可能

保育では「個」と「集団」ということもよく言われます。個を尊重しすぎると集団が成り立たず、バラバラになると思われるかもしれませんが、個別最適な保育と集団保育は対立するものではありません。個の尊重とともに、社会のなかでほかの人と協力したり支え合ったりしながら育つ経験ももちろん大切です。

保育のなかでも一人ひとりの思いを尊重しながら、誰かが面白いと思ったことにほかの子がつながり、一緒に協力して活動を展開していくようなことは十分に可能です。保育者はこどもがお互いを尊重しつつ、興味・関心に沿って仲間と共同の活動ができるように支援しましょう。

第2章 キーワードで見る"ビジョン"のポイント

キーワード解説 5

「5つのビジョン」と
その関係

大豆生田啓友
玉川大学教育学部教授

> **関連箇所**
> 2．幼児期までのこどもの育ちの5つのビジョン
> （羅針盤としての5つのビジョン）（5つのビジョ
> ンの関係性）（本書P.70）

「5つのビジョン」とは？

「はじめの100か月の育ちビジョン」では、「羅針盤としての5つのビジョン」が示されています。羅針盤というのは、果てしない海のなかで船が進む方向を示すコンパスのことです。つまり、これから新たに「こどもまんなか社会」を築いていくうえでの方向性や、社会全体で共有したい特に大事なことを整理したものが、この「5つのビジョン」です。

権利と尊厳を基本に、切れ目なく育ちを支える

（1）こどもの権利と尊厳を守る

これは、こども基本法の理念です。権利主体としてのこどもの権利、尊厳を守ることが全ての大前提であり、今回の「はじめの100か月の育ちビジョン」でも根幹となるものです。こどもの権利と尊厳を守ることを常に念頭に置いて、社会の全ての人で「誕生前から幼児期まで」のこどもを支えていこうとしています。

（2）「安心と挑戦の循環」を通してこどものウェルビーイングを高める

この「安心」とはアタッチメント（愛着）のことです。困ったときにしがみつける"安全基地"となる人が全てのこどもに確保されている必要があります。またアタッチメントの形成は保護者との関係だけでなく、保育者や他の大人との関係においても重要なことが強調されています。また、「挑戦」とは、遊びと体験を通じてこどもが自分の世界を広げていくことです。こどもが安心して遊び込める、興味関心をもてる、自ら挑戦したくなる豊かな遊びと体験を用意していくことが重要になります。

（3）「こどもの誕生前」から切れ目なく育ちを支える

核家族化が進んだ今では、出産直後から赤ちゃんと保護者が孤立した状態におかれるケースが少なくありません。またこどもが3歳未満では、家庭保育をしている割合が高く、親子が孤立するなかで虐待などのリスクが高まる可能性があり

ます。出産や就園・退園、就学といった変化が支援の切れ目になることがないよう、誕生前から幼児期にかけての継続的な支援が重要です。

社会全体でこどもと保護者を支え、応援する

（4）保護者・養育者のウェルビーイングと成長の支援・応援をする

保護者・養育者は、幼いこどもにとってもっとも近い存在であり、アタッチメント（愛着）と対象となる保護者・養育者の心身の健康は、こどものウェルビーイングにも大きな影響を与えます。保護者が必要なときに必要な支援を受けられるような体制づくりが大事です。また、保護者が保育者をはじめとした専門職や保護者同士のつながりをもつことで学び合い、こどもとともに保護者も成長していけるような支援が求められます。

（5）こどもの育ちを支える環境や社会の厚みを増す

今の日本は「子育てがしにくい社会」になっています。こどもが遊ぶ声は騒音であり、公園でボール遊びができない所も多いですし、園が騒がしい"迷惑施設"のように言われることもあります。社会全体でこどもへの温かなまなざしが失われつつあると感じます。しかし、こどもの声が騒音に感じられるのは、地域の人がこどもと関わる機会がないからかもしれません。最近では「町保育」と

いって保育の場を地域に広げる活動に取り組む園もあります。今後は保育施設の中だけで支援を考えるのではなく、豊かな地域の資源とつながりながら、こどもを支える社会の層の厚みを増やしていく努力も必要です。

みんなが幸せな社会を目指して

このような「5つのビジョン」を羅針盤として、国が推進しようとしているのが「こどもまんなか社会」の実現です。ここで示されているのは、単にこどもだけが幸せになる社会ではありません。

たとえば、町へ出て保育をすれば、こどもの姿を見た近所の人も自然に笑顔になりますし、地域のこどもを支えるという役割がシニア世代の生きがいになることもあります。また、地域の小・中・高校生が乳幼児と関わることで、幼い子をかわいいと感じる心や、年少者の世話ができたことで自尊感情が育まれるとの指摘もあります。それにより、若い世代が家庭をもち、こどもを育てることに希望をもてる社会の基盤がつくられていく可能性もあります。

つまり、こどもをまんなかに置いて大事に育てることで、保護者も保育者などの専門職も、地域の人も、今は直接こどもと関わりのない人も、みんなが幸せで希望のもてる社会を創ろうとしているのです。

第2章 キーワードで見る "ビジョン" のポイント

キーワード解説 6

5つのビジョン❶
「こどもの権利と尊厳を守る」

有村大士
日本社会事業大学社会福祉学部教授

> **関連箇所**
> 2.幼児期までのこどもの育ちの5つのビジョン
> （1）こどもの権利と尊厳を守る（本書P.72）

こどものウェルビーイング

　5つのビジョンの1つめは、「こどもの権利と尊厳を守る」です。これは、こども基本法の理念に基づいています。

　こどもにとってウェルビーイングとは何でしょうか。よく身体的・精神的・社会的に満たされた状態と表されます。英語で「〜ing」と現在進行形であることからもわかるようにこどもたちが生きている今、この瞬間に、こども自身が、自分らしく生きている実感をもって過ごせているかを表す重要な概念です。

こどもの権利と尊厳

　全てのこどもが、人間として、そしてこどもとしての権利をもちます。こども基本法では、国際的にこどもの権利を取りまとめた国連 こどもの権利条約（児童の権利に関する条約）を尊重しています。前文の冒頭で、国際連合憲章において宣明された原則によることを示し、「すべての構成員の固有の尊厳及び平等のかつ奪い得ない権利」、「基本的人権並びに人間の尊厳及び価値」と表しています。一人ひとりにある固有で、内在的な価値が尊厳に結びつき、また社会が権利を認めていく必要性が示されています。

こどもの思いや願いを尊重する

　こどものウェルビーイングや権利と尊厳は、考えるまでもなくこども自身のものです。声にはならなくても、こどもたちは様々な思いや願いをもっています。周囲の大人は、こども自身の発言に留まらず、日々の生活、楽しみ、好み、成長したい・頑張りたいという思いを受け止め、一緒に考えていくことも必要です。

　こどもは、権利の主体として大人と対等です。同時に、成長を支えられるべき存在でもあります。これからの「こどもまんなか社会」では、こども一人ひとりを社会の一員として大切にし、その命の輝きを、社会全体で支えていきましょう。

保育者にできること

こどもの尊厳を守るために

高祖常子　認定NPO法人 児童虐待防止全国ネットワーク副理事長

「こどもの誕生前から」育ちを支える（本書P.72参照）

　こどもの権利と尊厳を、その誕生前から「切れ目なく」守るために、保育者として何ができるでしょうか？
　いくつかの自治体では「マイ保育園」（自治体によって名称は異なる）と言う制度が始まっています。保育所や幼稚園が「かかりつけ園」となり、妊娠期や就学前の子育て家庭を支えていくというものです。こどもが生まれた後、子育てひろばや園に行き始めるときには、何らかのハードルを感じるものです。園では地域の相談支援機関としての役割を担っているところも増えていますが、妊娠期から特定の園につながることは、相談のハードルを下げ、小さな悩みごとから拾い、保護者の考え方をポジティブに変える可能性があります。

第2章　キーワードで見る"ビジョン"のポイント

4つの原則を保育に取り入れる

　こども基本法第三条の一に「全てのこどもついて、個人として尊重され、その基本的人権が保障される」と書かれたことは画期的なことです。こどもの権利条約の4つの原則（「差別の禁止」「こどもの最善の利益」「生命、生存及び発達に対する権利」「こどもの意見の尊重」）を意識し、この理念を元にこどもに接していくことが必要です。
　特に「こどもの意見の尊重」については、様々な場面でこども一人ひとりと対話していくことが大切です。もちろん、丁寧にこどもの気持ちを聞くことが難しい場面もあると思いますが、保育者がしっかり聞こうとする姿勢は、こども同士の対話にも好影響を与えるでしょう。

こどもの最善の利益を意識

　保育者は「こどもの最善の利益」を常に意識する必要があります。保育の場面で、こどもの最善の利益を優先することは難しいことも多々ありますが、こどもの意見を聴き、ともに考え、こどもにとっての最善の利益を考え、決めていく過程がとても重要です。
　先ごろ不適切保育が話題になっています。不適切保育になっていないかとおびえるよりも、こどもと対話（話せないこどもは表情や様子をうかがい）ながら、こどもにとっての最善の利益を意識して関わることがこどもの尊厳と権利を守ることにつながります。こどもにとってよりよい保育は何かと常に問いながら、こどもの育ちを応援していきましょう。

キーワード解説 7

5つのビジョン❷ 「安心と挑戦の循環」

古賀松香
京都教育大学教育学部教授

> **関連箇所**
> 2.幼児期までのこどもの育ちの5つのビジョン
> （2）「安心と挑戦の循環」を通してこどものウェ
> ルビーイングを高める（本書P.72）

「アタッチメント（愛着）」とは？

　5つのビジョンの2つ目は、「『安心と挑戦の循環』を通してこどものウェルビーイングを高める」です。この「安心と挑戦の循環」のために重要なのが、「アタッチメント（愛着）」の形成と豊かな「遊びと体験」です。

　「愛着」と聞くと、母親とこどもの間の愛情深い関係というような意味を感じとる人も多いかもしれません。ここでは、誤解を呼びそうな「愛着」という用語ではなく、「アタッチメント」の方で説明します。アタッチメントは、アタッチ（attach）という動詞の名詞形です。アタッチとは、小さな物を大きな物に付けるというような意味をもちます。大人とこどもの関係で言うと、ピタッとくっついて抱っこしているような、安心感を得る根源的な関わりのイメージです。しかしそれは、決して母親（保護者）とこどもの関係に限定されるのではなく、保育者等を含んだ、育ちを支える周囲の大人との関係のなかで築かれるものです。

　こどもは思いや願いを様々に表現します。そのとき、周囲の身近な大人が思いをしっかりと受け止めることで、安心感・信頼感に満ちた関係性がこどもと大人との間で次第に築かれていきます。その関係性が安定してくると、くっついていないときにも「いつでもくっつける」という安心感を抱いて、離れていられるようになります。この安定したアタッチメントの形成が、その後の人生を支える大切なものだということが、様々な研究で明らかになっています。

安心感の下で世界を広げる

　安定したアタッチメントを周囲の大人との間で築けたこどもの姿を思い浮かべてみましょう。安心できる大人と手をつないで公園に行くと、周囲の環境に目が向くようになります。テントウムシを発見し、興味を抱いて、つないでいた手をパッと離して小走りになります。そんな

参考文献：遠藤利彦／編『入門 アタッチメント理論ー臨床・実践への架け橋ー』日本評論社，2021.

とき、こどもの思いや願いは体の動きと一体となって動いていて、自分の前に広がる環境の方へ向いています。こどもはあまり長い時間的見通しをもたず、今に夢中になって生きていますので、さっきまでのことは忘れているかのようです。

しかし、テントウムシが不意に動き出すと、はっとして少し不安になって、後ろを振り返り、自分の頼りにしている大人の顔を見たりします。そこで、にこにこ見守っている大人の様子が見えると、再び安心して興味の対象へと向かっていきます。すると今度はテントウムシが自分に向かって飛んできて、びっくりしてしまい、泣きながら大人のところに戻ってしがみついたりします。そんなとき抱きとめられて「大丈夫だよ」となぐさめてもらい少しずつ落ち着くと、また体を離して外へと向かっていきます。

そうやって、こどもは安定したアタッチメントを安心感の拠点として、少しずつ離れて冒険し、挑戦しては帰ってくることを繰り返します。この繰り返しのなかで、だんだんと外の世界を広げ、楽しむようになっていきます。外の世界に冒険に出る挑戦は、いつでも見守っていてくれるという安心感の拠点があることで支えられるのです。そして、成長とともに、安心感の拠点が心のなかに保てるようになり、すぐそばにいなくても安心して挑戦的に活動していくことができるようになっていきます。

アタッチメントを基盤に「遊びと体験」を重ねる

乳幼児期のこどもは「遊びと体験」を通して様々なことを学んでいきます。この遊びとは、大人の余暇活動とは異なり、こどもの生活のほとんどを占める重要なもので、こどもが自ら主体的に身近な環境に関わっていく直接的で具体的な体験を指しています。こどもが外の世界に自ら関わっていこうとするときには、周囲の大人と安定したアタッチメントが形成されていることが支えとなります。アタッチメントの安定を基盤に、少しずつ関わる物や場所、人や時間を広げ、体験を豊かにしていくことができます。目新しい周囲の環境に対して自分なりに探索的に関わり始めるとき、そこで感じた不思議さや面白さに心を向けて探究的に試行錯誤したり、関わり方を工夫してみたりして、一層遊びが豊かになっていくのです。

第2章 キーワードで見る"ビジョン"のポイント

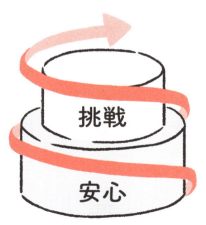

（こども家庭庁発表資料をもとに作成）

保育者にできること

乳児の豊かな遊びと体験

柿沼平太郎 学校法人柿沼学園理事長

安心・安全な環境のなかで遊ぶ

　乳児の豊かな遊びと体験は、食事・睡眠・排泄（はいせつ）といった生命を保持するための生理的欲求を満たすことを前提としてはじまります。信頼のおける保育者と安全で心地のよい環境のなかで、自分が愛され守られていることを感じながら遊ぶことで、人やモノ・コトと関わることに興味をもち、楽しさや喜びを体験していきます。

　特に乳児期という愛着関係の形成期は、人（保育者自身）との関係性が重要になります。保育者自身も、乳児の発達や生活環境、触れる素材などに十分な理解や興味をもち、こどものあらゆる表現を受け入れ、共感し、温かく受け入れてくれる存在となる必要があります。そして、こどもたちが不思議を感じ、視覚や聴覚など五感が刺激されるような体験ができる環境をつくっていきましょう。日常的に保育者と五感いっぱいに関わり、心を響き合わせながら遊ぶことが大切です。

スキンシップ・アイコンタクト

　視覚や聴覚が発達し、首もすわってくると、興味があるものに視線を向けたり、触ろうとしたりする姿も見られます。この時期には目を見て優しく声をかけ、くすぐり遊びなどでスキンシップをとりながら遊びましょう。信頼する保育者の"いないいないばぁ"などの遊びは、安心感と不思議さや世界の変化と相まって喜びの笑顔を見せてくれます。穏やかな声でわらべ歌を歌う、絵本を読む、ゆっくりと会話をすることなども大切です。また、抱っこで体を寄せ、保育者の声・匂い・肌に触れる体験は愛されていることを全身で感じる時間となります。

指先を使った遊び

　手足を動かし、近くの物に興味をもち触り始める時期には、心地よい音の出る「ガラガラ」などの玩具遊びもおすすめです。音を聞いたり、握ったり、口に入れたりすることで自らの行動と新しい世界のつながりを感じ取ります。スロープトイ、手作りマラカスや色水入りペットボトル、引っ張り布など、こどもが不思議だな、触ってみたい、やってみたいと思うような玩具を準備して遊びながら指や手の機能を使う遊びが大切です。積み木や型はめ、つなげて遊ぶチェーンなども、繰り返し遊ぶうちに、つかむ・落とす・積むなどの手指の発達を促します。

身体を使った遊び

　寝返りからはいはいの時期には、運動機能の発達を意識した遊びが大切です。玩具など興味を引く物を近くに置くなどして、移動したくなる環境をつくります。クッションや牛乳パックの階段などがあると、自然に身体のバランス感覚が養えます。移動が上手になりいろいろな姿勢がとれるようになったら、バランスボードやゆるやかな坂など、年齢に応じた環境を用意します。隠れられる場所も作るといいですね。歩くようになったら、手押し車、マットの凸凹、低い台の上り下りやジャンプ、滑り台、ブランコ遊び、広い場所で思い切り走る…など、様々な体験ができるようにしましょう。

　この時期の発育は目を見張るものがあります。安全を担保したうえで、様々な動きが楽しみながらできる環境を準備し、身体の発達を促していきましょう。

自然遊び

　土、水、泥、砂、草花などの自然物や小さな生き物などに出会い、触れる体験は心を大きく揺さぶる機会となります。お散歩や園庭遊びなどで、太陽の光や雨などの美しさや不思議さに気付くことも大切です。雨の日には雨の景色や音を楽しみながら窓の外を一緒に見たり、ゆっくりと会話したりするのも豊かな時間となります。

　お散歩の際に手作りのバッグなどを持って行けば、見つけた自然物を持ち帰り、製作の素材にして楽しんだりもできます。生き物を飼育したり、園庭に自然に触れる場をつくることも大切です。身近な生活の場所に不思議さや変化を感じ、触れることのできる環境があることは、こどもたちの好奇心や探究心をくすぐり、自然や生命の神秘さに気付く機会となります。

造形遊び

　既成の材料や自然物など、様々な素材を使った造形遊びも大切です。その際、乳児期にふさわしい材料・道具を準備する必要があります。口に入れても無害で安全な物でなくてはなりません。お絵描きなどの際は、思い切り指を使って描くことを念頭に筆圧も考えてクレヨンなど道具を考えます。この時期は、画用紙などの制限があるキャンバスではなく机全体がキャンバスになるような準備をすると表現の自由さが広がります。

　保育者が気を付けたいのは、「作品作り」にならないことです。こどもが道具や素材と出会い、その使い方を学び、頭のなかのイメージを表現する楽しさを知り、自分の行動が新しい何かを生み出す経験をすることが大切です。もっとやりたい、次はこうしてみたいという意欲が育まれることが、豊かさにつながります。

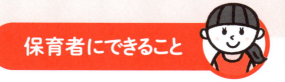

幼児の豊かな遊びと体験

加藤篤彦　武蔵野東第一・第二幼稚園園長
公益社団法人全国幼児教育研究協会理事

豊かな遊びと体験が生まれるためには？

幼児にとっての豊かな遊びと体験とは、自分の周りの環境（ひと…友達、保育者など。もの…素材や道具、砂や土、植物、光や風など。こと…行事やできごとなど）に出会い、自らが関わって「安心」して夢中になって取り組み、自分から「挑戦」する遊び・体験のことです。豊かな遊びと体験が生まれるには、次のことが大切です。
- 自らが選んで関わる主体的な活動が保障されること。
- 安心できる場で行われること。
- こどもが自分なりのイメージがもてるようなゆっくりとした時間を用意すること。
- こどものイメージが安心して表出でき、共有されていくこと。

興味・関心から考える

幼児の場合は特に、自らが選んで関わることが大切です。やりたいことだから夢中になり、集中できます。こどもが自分の興味・関心から環境へ関わり始められるよう配慮しましょう。例えば、園庭に花が咲き始めたら花の図鑑を園庭の近くに置く、Ａくんが夢中になっている姿と対象を画像にしてクラスに貼って紹介する、Ｂちゃんが興味・関心のある姿をクラスでも取り上げる…など、こどもの興味・関心を受け止める環境構成が大切です。反対に保育者が取り組んでほしい活動ありきで、「○○遊びをしよう」と考えて設定してしまうと、保育者主体の"遊ばせ"になってしまい、主体的な活動にはつながらないので注意が必要です。

可視化はポイントの１つ

話し合いなどの場面では、一人ひとりの意見は、ホワイトボードなどに書き出すといいですね。自分の意見が可視化されることが大切です。

もし、最後は多数決で決めることになっても、自分の意見が「そこに書かれている」ことで、参加しているという実感につながります。「自分たちで考えて、自分たちで決めた」という思いが、様々な創造的なアイデアへとつながり、そうしたアイデアから発展した遊びは、主体的な活動となることでしょう。

安心できる場をつくるには？

　クラスで「作品展のテーマ」を話し合う場面を考えてみましょう。話し合いでは、イメージがはっきりしていて、しっかりと発言する子の意見が中心となりがちです。一方で、一部の意見だけで活動を進めると、各自のイメージは共有されにくく、主体的な活動につながりにくくなってしまいます。

　しかし、多くのこどもにとって、自分の意見を言うのは勇気がいることで、それ自体が「挑戦」でもあります。声の小さい子やその場ですぐには意見が言えない子も、安心して自分の意見が言えるように、保育者の心構え・配慮が重要です。まずは、こどもが自分の思いを語るまで時間を急がないことです。そして、奇想天外な意見が出ても、明るく楽しく受け止めましょう。保育者の温かい関わりによって、安心感のある話し合いの場ができれば、こどもが自分の意見を言うという「挑戦」が生まれます。さらに、そこでみんなに受け止められることで新たな「安心」感を得るという循環も生まれるのです。

イメージを具体化するには？

　イメージを表出するには、イメージの具体化が欠かせません。作品展のテーマが決まったあと、実際に作り始める場面で考えてみましょう。テーマが決まっただけでは、まだ漠然としていて、どうしたらよいのか途方に暮れるこどもたちの姿が目に浮かびますね。こんな時、より具体的なイメージがもてるようにと、保育者が絵本や図鑑を提供することも多いと思いますが、こどもが2人組になって自分のイメージを絵に描くのも一案です。

　絵を一緒に描くことで、イメージが可視化・具体化されます。わちゃわちゃと意見を出し合って、イメージを可視化するプロセスを笑いながら作り上げていくのは楽しいものです。「こうなったらもっと面白そうだ」といった意見が出れば、その意見そのものが、「挑戦」的な課題ともなります。「面白いアイデアだぞ」と考えられることは、まさに、安心して自分の意見を反映できるという土台があってこそのものなのです。

第2章　キーワードで見る"ビジョン"のポイント

保育者にできること

保育の場で育むアタッチメント

柿沼平太郎 学校法人柿沼学園理事長

アタッチメントは挑戦の土台

アタッチメントは、こどもが挑戦していくための土台となる大切なものです。保育者は、生命が守られ安全が確保され、ありのままの姿で生活できる環境を提供することで、こどもが「そばにいたい、くっつきたい、安全だ」と思えるような、心のつながる特定の存在として認めてもらう必要があります。安心して泣ける、寝られる、食べられる、遊べる、挑戦できるといった、安定した家庭などで当たり前に行ってきた生活が保育現場でも同様に行える環境づくりが必要です。そして、その当たり前の生活を繰り返し行うことで、心理的な安心感が蓄積され、外の世界への扉がゆっくりと開かれていきます。

保育者が心がけたいこと

保育現場では、日常の生活場面一つひとつの時間そのものがアタッチメント形成の場ともいえます。保育者がこどものありのままを受け入れ、安心できる環境をつくる、心理的・生理的欲求に応える、穏やかな声、柔らかな空気、心地よさを感じる存在となる、といったことが大切です。施設によって物的環境には差がありますが、保育者という人的環境には大きな差はありません。こどもたちが安心して生活できる場、心地よく信頼できる関係性等は、誰でもどこでも目指すことができるでしょう。保育者みんなで安全で安心な土台を広げ、こどもが挑戦しつづけられる環境をつくることが大切です。

保護者支援

保育施設への入園・入所は家庭以外の「新しい生活の場」ができるということです。このとき大切なのは、場（園）と場（家庭等）のつながりと連続性です。保育者は、家庭等としっかりと連携していきましょう。生育環境やアレルギー、身体的・精神的な配慮事項等への理解を進めながら、家庭等の生活での過不足を考え、保育計画や保育者の役割を考える必要があります。こどもは、双方の場で異なる姿を見せることもあるので、保護者に園での生活や姿を伝えることが、多面的なこども理解につながります。家庭等と園が互いに役割を補完する関係になると、アタッチメントの質も高くなると考えられます。

園でのアタッチメント形成の特徴

　家庭等と園の大きな違いは、一対一だけでなく集団の関係性になるということです。アタッチメント形成の仕方も、保護者の代わりになるような家庭的な関わりとは別に、複数のこどもと保育者といった集団に対する多面的な配慮が必要になります。全体に対する受容や共感はもちろん、集団に入れなかったり集団が苦手だったりするこどもへの対応なども必要になります。一方、こどもたちにとっても、集団での生活は、保育者と自分以外のこどもとの関わりを見ることができます。丁寧で穏やかな関わりをする保育者の姿と愛されている自分以外のこどもの姿を見ることで、自分の姿を投影する機会となり、保育者への信頼感が増してくると考えられます。

集団生活でのアタッチメント

　こどもたちが成長し、人数や集団の数が多くなり、生活や遊び、挑戦、関係性などが複雑化してくるとこどもたちだけの遊びや生活が多くなり保育者が集団を把握することが困難になってきます。だからこそ、こどもたちとの信頼関係を含め、安心安全な環境を準備する必要があります。

　保育室内や園庭、散歩コースなどを安心安全な環境に設定します。また、こどもの関係性を注視し、意思疎通がうまくいかないときやトラブル等の際には介入し、共感したり、関わり方を望ましい形に向けたりして集団を安定させます。

　リスクマネージメント（※）も重要です。保育者が自分の命を守ってくれる存在であると、こどもたちが信用ができるように、日常の点検や防犯訓練などを真剣に行うことでも信頼関係を築くことにつながり、保育者と集団とのアタッチメントの形成にもつながります。

※リスクマネージメント：将来的に起こりうるリスクを想定し、事前にリスクを回避するための対応や起こった場合の対応を講じること。

一対一の関係性も大切

　一方で、こどもの集団が大きくなっても、一対一の関係も大切です。一人と向き合い、心を通わせる必要があります。乳児期には特に"特定の大人"との関わりが大切になるので、担当制やゆるやかな担当制を導入してもよいでしょう。一人ひとりと肌を寄せ、穏やかな声でお話や歌を歌うだけでもいいですし、膝に乗れるようになれば包みこむように座って絵本を読むことで、保育者の匂いや声が心に届きます。身体全体で愛されていることを感じることでしょう。食事の際も関係を深める場となります。一緒に食事をしながら、目線を合わせ、おいしいねと声をかけてから食べてみましょう。また、何か失敗してしまった友達に、保育者が優しく対応する様子を見ることでも、自分が失敗したとしても大切にしてもらえると感じられます。こうしたことでもアタッチメントがはかられます。

第2章　キーワードで見る "ビジョン" のポイント

キーワード解説 8

5つのビジョン❸「切れ目なく育ちを支える」

鈴木みゆき
國學院大學人間開発学部教授

> **関連箇所**
> 2.幼児期までのこどもの育ちの5つのビジョン
> （3）「こどもの誕生前」から切れ目なく育ちを支
> える（本書P.76）

どんな理念？

こども基本法にのっとって整理された5つのビジョンの中で、「『こどもの誕生前』から切れ目なく育ちを支える」とした理念は、発達を時間軸として「こどもまんなか」を捉えたものです。

こどもの誕生前から架け橋期と呼ばれる小学校就学後までを視野において、こども・親・養育者が、主体的によりよい環境を選択ができるような支援の必要性を表しています。同時に、学童期からこどもと触れ合う機会を通し、こどもが自ら育つ存在であることの尊さや、育てられる存在、育てる存在になっていく自分を感じ、学びを深めていく循環の重要性を示しているともいえるでしょう。

「節目」が「育ちの切れ目」に？

人の一生はいくつもの節目に彩られています。受精し妊娠から出産を経るまでの親の胎内にいる期間、乳児期、幼児期、「架け橋期」と呼ばれる学童期に入る就学の時期…と「幼児期までのこどもの育ち」を考えても、いくつも段階があることがわかります（P.49図参照）。その時間軸をこどもは目を見張るスピードで成長していきます。こどもの成長にはそれを支える環境が必要です。

親の胎内で生存に必要な機能を備えていた時期を含め、生まれた世界で様々な経験をし、こどもも親や養育者もその節目節目で環境を選択していきます。時には、親や養育者にとってこどもの一生を左右しかねない大きな選択を迫られる機会もあると思います。そのような節目にあっても、節目が「育ちの切れ目」にならないようにする必要があります。

「切れ目なく」育ちを支えるために

こどもの成長に合わせて訪れるこの節目節目での選択は、親子の成長の機会につながる場合もあれば、時として親子や養育者の心身にストレスを与える場合も

■ 育ちの環境を切れ目なくつくる（こども家庭庁発表資料をもとに作成）

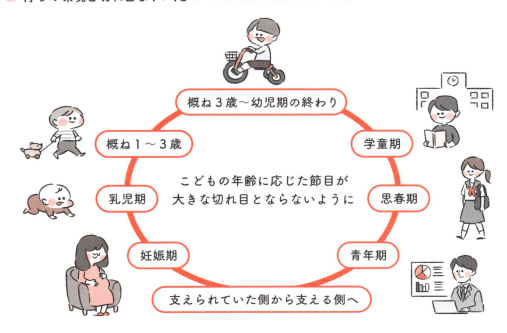

一人のこどもが出産前から学童期に至るまでには、その節々に実にたくさんの環境や機会を選択する必要に迫られます。就園あるいは就学後、こども自身が自分の気持ちを表す場合もあるでしょう。親子ともにウェルビーイングな状態で生活をし、安心して育ちあうことができるよう支援していく体制づくりが「切れ目なく」こどもの育ちを支えることになるのです。

例えば命を授かったときに、妊娠期のケアや出産の状況に配慮が必要な場合もあるでしょう。妊娠時、出産後の就労を含め生活をどうするのか？　家族や地域のサポート体制はどうなっているのか？　こどもが就園する際にどのような選択をしたらいいのか？　学童期への接続にあたって行政機関との連携や地域とのつながりをどうするのか？

こどもも親や養育者も、お互いに満足できる、心身ともにウェルビーイングでありたいと願うからこそ、こども・子育ての安全面への配慮、親や養育者を安心させる適切な情報が求められています。

次の世代の育ちを促す

同時に親子の育ちを支えるなかで、次世代の育ちを促す視点も欠かせません。これまで中学校の特別活動等で職場体験等を通して乳幼児とのふれあい事業を行う機会は設けられてきました。今回、学童期からこうした体験の機会をもつことで、幼い命のぬくもりや遊びの楽しさを感じるだけなく、かわいがられて育った自分を見つめ直し、将来の夢を考える、過去から未来へのつながりも生まれてくると期待されています。

第2章　キーワードで見る "ビジョン" のポイント

49

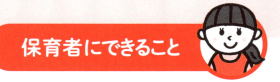

保育者にできること

「切れ目」になりやすいタイミングの援助

加藤篤彦 武蔵野東第一・第二幼稚園園長
公益社団法人全国幼児教育研究協会理事

園で「切れ目」となるタイミングとは？

　乳幼児期のこどもの発達は連続していますが、育つ施設は変化していきます。家庭から離れて「こども園・保育所・幼稚園への入園」、そして、「小学校への就学」は、特に「切れ目」になりやすいタイミングと言えるでしょう。また、毎年4月の「進級」では、クラス・保育者・友達などが入れ替わる経験をしますので、これも切れ目の1つと言えます。
　この時期のこどもたちがスムーズに次の段階に進めるような支援や配慮について考えてみましょう。

入園のタイミング

　幼児期のこどもたちは、「お兄さん（お姉さん）になりたい」という意欲があり、新しい機会への期待があります。一方で、家庭という安心の場から離れ、新しい場所や保育者との出会いに緊張したり、不安になったりするものです。
　そのようななかでも、安心できる場（人）があれば、そこを起点として、こどもは自分を広げていくことができます。具体的には、こどもが保育者に対して「自分のことを分かってくれる人」と思い、安心することができれば、保育者を起点として、友達との関わりも含めて興味・関心を広げていくことができるのです。

応答的な関わりで安心感を

　保育者は、「切れ目」の時期は、特に応答的な関わりを大事にしたいですね。新しい生活に慣れるまでは、園の生活のルールを伝えることもある程度必要ですが、こどもの声を聴くことが何より大切で、その声に応答していくように心がけましょう。
　こどもは、実際にはこれから園に通うのだと分かっていながらも、入園当初は、「ママがいい」「かえりたい」などと発するものです。こんなときは、まずこどもの言葉や思いは「本当にそうだね」と、しっかりと受け止めましょう。自分の気持ちをしっかりと受け止めてもらえるという経験が、保育者への信頼につながるからです。そのうえで、次に保育者の思いや願いを、どういう言葉で幼児に返せばよいかを考えて伝えましょう。

園環境の配慮

　入園当初は、園環境に家庭との物的つながりがあると、「うちにもある」と園に親しみを感じるきっかけとなります。意図的に家庭にありそうな物を用意しておくのも一案です。

　進級時には、前年のクラスで楽しんでいたことや親しんでいた物や場を使って遊べるように環境構成をすることができます。緊張を和らげられるように、椅子やマットなどで、こどもが自分の居場所として過ごしやすい場を用意するのもよいでしょう。また、時間の流れ方もポイントです。ゆったりとした時間を用意できるように配慮しましょう。親しい友達との関わりも大切な視点です。前のクラス友達と触れ合えたり、一緒に遊んだりできるように、クラスを自由に行き来できる雰囲気づくりも保育者同士で共有しておきましょう。

● 3歳児入園時期の環境

小学校入学のタイミング

　「はじめの100か月の育ちビジョン」では、幼児期から学童期へのスムーズな移行も重視しています。この時期、保育者はこどもが安心して就学前の時期を過ごせるよう関わりますが、各小学校で作成される「スタートカリキュラム」もポイントです。このカリキュラムは、小学校の教師だけが作成するものではありません。スムーズな小学校教育への移行をねらいとしているものですから、保育者の意見がこのカリキュラムに反映されるようにしたいものです。意見交換の場として、小学校から各園への見学や、小学校の公開授業、保幼小連携のための会議への出席などが行われていると思います。積極的に参加して、幼児期のこどもの育ちを小学校の先生方に伝えましょう。

保護者への支援

　保護者とも信頼関係を築くことも重要です。特に「切れ目」になりがちなタイミングでの当初の第一印象は、印象に残るものです。明るい挨拶を心がけましょう。また、クラス会などで、クラスの様子をポジティブに伝えることも保護者の信頼を得るためには大切です。近年は、ICTなどの進歩で、手間をかけずに保育の様子を配信できるようになってきていますから、画像や動画を上手に利用していきましょう。

　基本的なことですが、個々の保護者からの質問にはきちんと返信する等、個々の連絡を忘れないようにしましょう。保護者の安心は子の安心に、子の安心が保護者の安心につながっていきます。

第2章　キーワードで見る"ビジョン"のポイント

キーワード解説 9

5つのビジョン❹
「保護者や養育者を応援する」

奥山千鶴子

NPO法人子育てひろば全国連絡協議会理事長
認定NPO法人びーのびーの理事長

関連箇所

2.幼児期までのこどもの育ちの5つのビジョン
（4）保護者・養育者のウェルビーイングと成長
の支援・応援をする（本書P.78）

子育て家庭が支援や応援を受けることを当たり前に

こどものウェルビーイングを高めるには、「保護者・養育者のウェルビーイングと成長の支援・応援をする」ことが鍵となります。しかし、妊娠期から乳幼児期は、保護者・養育者は自身の心身の健康管理をおろそかにしがちなうえ、特に乳児のケアには手がかかるので、戸惑いや不安が生じやすい時期です。また、乳児は濃密なケアが必要なことから、保護者・養育者は社会的に孤立しやすい時期でもあります。さらに、「子育てはうまくできて当たり前」という規範や「人に頼らず自分で解決しなければならない」という義務感に、必要以上に追い込まれる可能性もあります。

こうした現代の保護者・養育者が、身近な地域や社会とつながり、支えられ、安心して子育てを行えることが重要なのです。特に、支援を必要とする環境にある保護者・養育者については、心身の状況や置かれている多様な環境に十分配慮され、専門機関と連携しながら子の養育環境が保障されることが求められます。

必要な人が必要なタイミングで情報を得て、利用につながる体制整備も必要です。同時に支援を受けることを躊躇する保護者・養育者へのアプローチに向けて、安心できる相談相手となり、こども同士が関われる身近な安心できる場の提供、訪問支援など、保護者・養育者との接点づくりも求められています。

子と保護者の「共育ち」

こどもの育ちのためには、保護者・養育者の成長も支援・応援されることが大切です。乳幼児期のこどもと過ごす時間を確保するためにも、保護者・養育者の労働環境が整う必要があります。また、こどもへの避けたい関わり、こどもの権利や尊厳について学ぶ機会を保障し、乳幼児期の保護者・養育者のつながりを育むことは、保護者同士の育ち合いや社会参画につながる意味でも重要です。

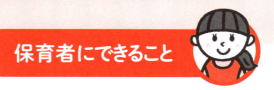

保育者にできること

子育て家庭の支援・応援のために

奥山千鶴子 　NPO法人子育てひろば全国連絡協議会理事長
認定NPO法人びーのびーの理事長

地域の子育ての拠点として

全てのこどもは、育ちを等しく支えられる必要がありますが、3歳未満のこどもの6割は就園していません。そこで就園前の子育て家庭に向けて、園や地域子育て支援拠点（センター）が地域の身近な場所となり、保護者・養育者が地域とつながり、支えられ、安心して子育てを行えるような拠点となることが期待されます。また、多くのこどもが通園する3歳以上でも、園の施設類型や保育者の関わり方、家庭での過ごし方等で格差が生じないよう、保育者が身近な相談相手になることが大切です。

園の保護者への支援・応援

園では、保護者・養育者への働きかけを通してこどもの育ちを共に支えていくこと（共育ち）が重要です。普段の保育で、一人ひとりのこどもの成長に寄り添い、育ちを丁寧に伝えることで、信頼関係を構築していく必要があります。その日の保育のエピソードや写真を活用したこども同士の関わりなどを伝え、家庭での様子を保育者に話しやすい状況をつくりましょう。こどもを中心に連帯することは、保護者がこどもと共に成長するプロセスを応援することにつながります。

基本的な姿勢として①傾聴、②受容と共感、③エンパワーメント（※）のスキルを高めることが大切です。保育者がこどものもう一人の理解者として信頼され、保護者・養育者を巻き込んだ支援が展開されることが「共育ち」につながります。

地域の保護者への支援・応援

園や地域子育て支援拠点（センター）には、就園前のこどもと保護者・養育者に遊び場や居場所、情報提供を行うことが期待されています。保護者は、保育者がこどもに関わる様子やこども同士・親同士の関わりのなかで、子育てのヒントを知ることができます。体験給食・講座なども学びにつながります。

また、一時預かり事業や今後実施される「こども誰でも通園制度」等は、地域の子育て家庭とつながるチャンスでもあります。地域の資源やその活用方法を理解し、適切に紹介・利用の後押しをすることも、保育者の大事な役割です。社会資源・関係機関・活動団体等の取組内容を学び、日頃から連携して、地域全体でこどもと子育て家庭を応援する一員であるという意識をもつことが大切です。

※エンパワーメント：本来もっている力を十分に発揮できるよう、引き出すこと。

第2章　キーワードで見る "ビジョン" のポイント

キーワード解説 10

5つのビジョン❺
「環境や社会の厚みを増す」

鈴木みゆき
國學院大學人間開発学部教授

> **関連箇所**
> 2.幼児期までのこどもの育ちの5つのビジョン
> （5）こどもの育ちを支える環境や社会の厚みを増す（本書P.81）

社会全体でこどもを支える

「一人のこどもを育てるには1つの村が必要（It takes a village to raise a child.）」というアフリカの諺（ことわざ）があるそうです。この諺のように日本で求められる意識の変換が、社会全体でこどもを育てる環境づくりです。これはビジョンの中に図解（P.85図参照）されている通り、こどもまんなかで保護者・養育者がいて、こどもと直接接する人（保育者や子育て支援者等）がいて、空間（幼稚園・保育所・こども園等だけでなく子育て支援センターや子ども図書館等）があり、地域では子育て支援センターや児童相談所など専門機関だけでなく、近所のおばさんだったりお店の店員さんだったり…こどもの生活圏にいる全ての人が輪になっています。何重にもこどもを取り巻く環境として人と場があるのです。

成長を喜び合う社会へ

これまで、日本の子育ては「ワンオペ育児」に代表されるように、保護者・養育者の肩にかかる言葉が重く、保育者や児童相談所など限られた専門家によって支えられてきたところがあります。しかし、こどもの生活圏は多種多様な人や物との関わりのなかにあります。泣きやまないこどもに困っている保護者をサポートをしてくれる大人がいるなど、当たり前の日常にこどもがいて、育ちに関心をもつ大人がいること、人の輪の広がりと多層性が求められています。社会全体で一人ひとりのこどもを愛し、成長を喜び合うことで大人も社会の一員として共存し、誰一人取り残さない温かな人間関係の厚みを創っていけると思うのです。こどもをまんなかにして、何重にもその存在を愛し育み喜び合う人と場を創っていくことが、セーフティーネットと呼ばれる社会構造そのものを強固にし、全ての人のウェルビーイングにつながります。

保育者にできること

社会全体でこどもを育てるために

坂﨑隆浩 社会福祉法人清隆厚生会理事長

三位一体の取り組みが必要

　2050年には、日本の人口はまだ1億人をキープしていますが、2100年前後には7000万人を割ると言われています。今後は、人口減少、都会と地方の二極化、そして地方においてもその県庁所在地とそれ以外の二極化が進むと考えられます。当然ながら地域全体でこどもを育てることは、地域維持または復興の原点だと考えています。

　私自身は本州最北端の過疎地に住んでいるため、全国的には当てはまらないかもしれませんが、地域全体でこどもを育てるためには、三位一体の支援が必要だと考えています。それは、行政・地域住民・そして私たち保育施設や学校です。

地域住民の役割

　地域住民の関わりは大きな課題です。地域の子育て力がなくなったと言われてから久しいわけですが、その関わりこそ、今後の鍵を握っていると言えるでしょう。地域子育て拠点に求められるのが、多機能化と多世代だと考えると、地域の関わりこそが多世代との関わりになります。これまでのボランティアという関係から次世代はさらに一歩進んだ関係として互いに支え合うことが鍵になります。

行政の役割

　自治体の大きさは千差万別で、こどもに関わるその割合も様々ではありますが、それぞれの役割を十分果たすことは当然だと言えます。待機児童の増加が課題であった頃は、保育所等増加が大きな焦点でした。今後は「こども誰でも通園制度」のような未就園児の対策とともに、全体のこども数に合わせた保育提供計画や公の保育所等の整理整合も必要になってくるでしょう。

　国は地域のために、少子化を鑑みた施策を進めるべきです。保育をどう残すのかなどの地域維持を真剣に考えるときに来ています。自治体で進める施策を国全体で支援することも、大きな施策になると言えるでしょう。

園の役割

　保育所や幼稚園等も法人の統廃合が進むなど、今後厳しい状況が考えられます。特に、法人の場合は、一歩進んだ地域への施策の提言やその取組等、自治体にとってなくてはならない存在として、価値を高める必要があります。できれば地域の子育てのコーディネーターとしての役割も発揮していただきたいと願うのです。

第2章　キーワードで見る"ビジョン"のポイント

おわりに

"ビジョン"実現に向けた保育者の役割

大豆生田啓友
玉川大学教育学部教授

　これまで幼児教育の重要性は、様々なところで語られてきました。しかし、それを理解し実践しているのは、保育者や保護者など、直接保育・教育に関わる人の間だけに留まっていたように思います。今回、国の施策として、社会全体で誕生前から幼児期までのこどもを切れ目なく支え、「こどもまんなか社会」を創ろうという大きなメッセージが示されました。これは日本の歴史上、はじめてのことであり、保育・幼児教育業界にとってはまたとないチャンスです。

　保育者は特にこどもの「はじめの100か月」を支える専門職ですから、アタッチメント（愛着）の形成や安心と挑戦の循環、豊かな遊びと体験等、具体的な保育のしかたや支援策について、どんどん社会に発信をしていってください。

　また、今後、多様な全てのこどもを支えるための「こども施策」が進んでいくと、園の役割も徐々に変わっていきます。障害児や医療的ケア児の支援であれば福祉や医療の専門職と連携することになりますし、地域の子育て支援の一環で、誰もが立ち寄れるカフェやこども食堂を併設するような園の例も出始めています。保育・幼児教育施設は、いわば「こどもまんなか社会」の重要な拠点として、こどもと保護者・地域・多職種をつなぎ、「はじめの100か月の育ちビジョン」を推進するコーディネーターのような役割も求められるようになっていくと思われます。

　各園の保育者の皆さんには、これまでの専門性をベースに、新たな社会を創り出すリーダーとしてもぜひ力を発揮してほしいと期待しています。

第 **3** 章

資料

- 幼児期までのこどもの育ちに係る基本的なビジョン
  （はじめの100か月の育ちビジョン）
- こども基本法
- こども大綱（抄）

資料【目次】

幼児期までのこどもの育ちに係る基本的なビジョン
（はじめの100か月の育ちビジョン） ……………………………………… 59

はじめに ……………………………………………………………………… 60

1．はじめの100か月の育ちビジョンを策定する目的と意義 ……………… 62
　　・生涯にわたる身体的・精神的・社会的ウェルビーイングの向上 …………… 62
　　・はじめの100か月の育ちビジョンの目的 ……………………………… 63
　　・こども基本法の理念 ……………………………………………………… 66
　　・全ての人とはじめの100か月の育ちビジョンを共有する意義 ………… 68

2．幼児期までのこどもの育ちの5つのビジョン ……………………………… 70
　（1）こどもの権利と尊厳を守る ……………………………………………… 72
　（2）「安心と挑戦の循環」を通してこどものウェルビーイングを高める …… 72
　　　①育ちの鍵となる「安心と挑戦の循環」……………………………………… 72
　　　②幼児期までのこどもの育ちに必要な「アタッチメント（愛着）」の形成…… 72
　　　③幼児期までのこどもの育ちに必要な豊かな「遊びと体験」……………… 74
　（3）「こどもの誕生前」から切れ目なく育ちを支える ……………………… 76
　（4）保護者・養育者のウェルビーイングと成長の支援・応援をする ……… 78
　（5）こどもの育ちを支える環境や社会の厚みを増す ……………………… 81

3．はじめの100か月の育ちビジョンに基づく施策の推進 …………………… 84
　　別紙1　それぞれのこどもから見た「こどもまんなかチャート」………………… 85
　　別紙2　はじめの100か月の育ちビジョンの実現に向けた
　　　　　　社会全体の全ての人の役割 …………………………………………… 86

こども基本法 ……………………………………………………………… 90

こども大綱（抄） ………………………………………………………… 94

幼児期までのこどもの育ちに係る基本的なビジョン
(はじめの100か月の育ちビジョン)

令和5年12月22日 閣議決定

はじめに

○こども[1]は、生まれながらにして権利の主体であり、その固有の権利が保障されなければならない。

○令和4年6月には、日本国憲法及び児童の権利に関する条約の精神にのっとり、こども基本法（令和4年法律第77号）が与野党を超えた賛同を得て成立し、翌年4月に施行された。こども基本法の制定は、我が国が、権利主体としてのこどもの最善の利益を常に第一に考え、こどもに関する取組・政策を社会のまんなかに据えていく「こどもまんなか社会[2]」の実現を目指すという、大きな価値転換である。

○特に「こどもの誕生前から幼児期まで」は、人の生涯にわたるウェルビーイング[3]の基盤となる最も重要な時期である。全世代の全ての人[4]でこの時期からこどものウェルビーイング向上を支えていくことができれば、「こどもまんなか社会」の実現へ社会は大きく前進する。これは社会全体の責任であり、全ての人のウェルビーイング向上につながる。

○しかし、我が国の状況を見ると、必ずしも全ての乳幼児の権利や尊厳が保障できている現状にはない。また、今の親世代の幼児期までの育ちと比べ、家庭や地域の状況など社会情勢が変化している中で、全ての乳幼児のウェルビーイング向上を、心身の状況や置かれた環境に十分留意しつつ、ひとしく、その一人一人それぞれにとって切れ目なく、支えることができているだろうか。こども基本法及び児童福祉法（昭和22年法律第164号）にも掲げられたこれらの権利を生まれた時から保障し、「こどもまんなか社会」を実現するための取組は途上にある。

○そのため、こども家庭審議会において、内閣総理大臣からの諮問[5]を受け、「幼児期までのこどもの育ち部会」において議論を行い、「幼児期までのこどもの育ち」に着目し、全ての人と共有したい理念や基本的な考え方が整理され、令和5年12月1日に答申[6]がとりまとめられた。この答申を踏まえ、今般、政府において、社会全体の認識共有を図りつつ、政府全体の取組を強力に推進するための羅針盤として、「幼児期までのこどもの育ちに係る基本的なビジョン（はじめの100か月[7]の育ちビジョン）」（以下「本ビジョン」という。）を策定することとした。本ビジョンは、人生の基盤的時期を過ごす乳幼児を含めた全世代の全ての人による、以下のような社会の実現を目指すものである。

・乳幼児を含めた全てのこどもが誰一人取り残されずに、権利主体として、命と尊厳と権利を守られる社会

・乳幼児の思いや願いが受け止められ、社会への参画が応援される社会

・乳幼児と保護者・養育者[8]が安定した「アタッチメント（愛着）[9]」を形成できる社会

・人や場との出会いを通して、豊かな「遊びと体験」が保障される社会

・保護者・養育者になる前から切れ目なく、様々な人や機会に支えられ、こどもとともに育ち、成長が支援・応援される社会

・各分野や立場を超えた認識共有により、乳幼児に関わる人が緊密に連携し、切れ目のない「面」での支援が実現できている社会

・乳幼児と全ての人がともに育ち合う好循環が続いていく社会

○本ビジョンに基づき、このような社会への変革を着実に実現していくことにより、「こどもの誕生前から幼児期までの育ち」が一層大事にされるとともに、保護者・養育者、保育者、子育て支援者等が、社会からその尊い役割を応援され、安心してこどもの笑顔や成長を喜び合うことができる社会を、全ての人とともにつくっていくことが政府の責務である。

○本ビジョンに基づく社会全体の認識共有と、政府全体の取組を、こども施策の基本的な方針や重要事項等について定める「こども大綱」や次元の異なる少子化対策の実現に向けた「こども未来戦略」等と整合的に進めることにより、「こどもまんなか社会」の実現を強力に牽引する。

1　本ビジョンでは、こども基本法等と同様、心身の発達の過程にある者をいう。

2　こども基本法の目指す、常にこどもの最善の利益を第一に考え、こどもに関する取組・政策を我が国の真ん中に据えた社会。

3　後述（1.「・生涯にわたる身体的・精神的・社会的ウェルビーイングの向上」参照。）。

4　本ビジョンでは、こどもや、こどもと直接接する機会がないおとなも含め、こどもの育ちに直接・間接を問わず影響を及ぼし得るあらゆる人を指し、「全ての人」と表している。

5　諮問第1号「今後5年程度を見据えたこども施策の基本的な方針及び重要事項等について」（令和5年4月21日）。

6　答申第1号「今後5年程度を見据えたこども施策の基本的な方針及び重要事項等について」の別紙2「幼児期までのこどもの育ちに係る基本的なヴィジョン（答申）〜全てのこどもの『はじめの100か月』の育ちを支え生涯にわたるウェルビーイング向上を図るために〜」（令和5年12月1日）。

7　本ビジョンでは、妊娠期がおおむね10か月、誕生から小学校就学までがおおむね6年6か月、さらに幼保小接続の重要な時期（5歳児から小学校1年生までの2年間）のうち小学校就学後がおおむね1年であり、これらの重要な時期の合計がおおむね100か月であることに着目し、「こどもの誕生前から幼児期までの育ち」を支える上で見据える時期を「はじめの100か月」としている。

8　本ビジョンでは、父母等のいわゆる「保護者」に限らず、こどもを養育している立場にある者を指し、日常的養育者の立場にある祖父母や、社会的養育に携わる専門職（児童福祉施設職員、里親等）などを含め、「保護者・養育者」と表記するものとする。

9　後述（2.（2）参照。）。

1．はじめの100か月の育ちビジョンを策定する目的と意義

・生涯にわたる身体的・精神的・社会的ウェルビーイングの向上

（「ウェルビーイング」の基本的な考え方）
○本ビジョンにおいては、全ての人で支えるべき「こどもの育ちの質」[10] について、こども基本法の目指す、こどもの生涯にわたる幸福、すなわちウェルビーイングの考え方を踏まえて整理した。この「ウェルビーイング」は、身体的・精神的・社会的（バイオサイコソーシャル[11]）に幸せな状態にあることを指す。また、ウェルビーイングは、包括的な幸福として、短期的な幸福のみならず、生きがいや人生の意義など生涯にわたる持続的な幸福を含む[12]。このようなウェルビーイングの向上を、権利行使の主体としてのこども自身が、主体的に実現していく視点が重要である。
○なお、ウェルビーイングは、生涯にわたる全ての時期を通じて高めることが重要であり、こどもとともに育つおとなにとっても重要なものである。こどももおとなも含め、一人一人多様な個人のウェルビーイングの集合として、社会全体のウェルビーイング向上の実現を同時に目指すことが必要である。

（身体的・精神的・社会的な全ての面を一体的に捉える）
○本ビジョンにおいて、ウェルビーイングは、身体的・精神的・社会的な全ての面を一体的に捉えた観点（バイオサイコソーシャルの観点）での幸福を指す概念であり、換言すれば、こどもの持つ身体と心、周囲を取り巻く身近な環境や社会的状況、より広い環境としての社会（以下「環境（社会）」という。）を一体的に捉えたものである。また、ウェルビーイングの向上を、生涯にわたり実現することが、こどもの最善の利益を考慮していく上で重要である。なお、身体と心の側面のみならず、環境（社会）についても、こども一人一人多様であるといった視点に留意する必要がある。

（多様性を尊重し、包摂的に支援する）
○本ビジョンは、特別な支援や配慮を要するこどもであるか否かにかかわらず、どのような環境に生まれ育っても、また、心身・社会的にどのような状況にあっても、多様な全てのこども一人一人をひとしく対象としている。
○特に、障害児については、他のこどもと異なる特別なこどもと考えるべきではなく、一人一人多様な育ちがある中で個々のニーズに応じた丁寧な支援が必要なこどもと捉えることが大切であり、障害の有無で線引きせず、全てのこどもの多様な育ちに応じた支援ニーズの中で捉えるべきである。また、心身の状況にかかわらずひとしく育ちを保障するために、周囲の環境（社会）を整える[13] 視点も重要である。

○また、本ビジョンは、共生社会[14]の実現に向けて、幼児期までの時期から切れ目なく、インクルージョンの考え方を前提としている。その上で、体制整備も含め、一人一人のこどもの育ちの質を持続的に担保する必要がある。これは、学童期以降のインクルーシブ教育システムの実現とも切れ目なくつながる、共生社会の実現に向けた重要な視点である。

○さらに、身体的・精神的・社会的なあらゆる要因によって困難を抱えるこどもや家庭を包括的に支援する必要がある[15]。

・はじめの 100 か月の育ちビジョンの目的

（「こどもの誕生前から幼児期まで」の重要性）

○乳幼児期は、脳発達の「感受性期[16]」と言われ、脳発達において環境の影響を受けやすい限定された時期の一つであるなど、生涯にわたるウェルビーイング向上にとって、特に重要な時期である。また、生涯の健康や特定の病気へのかかりやすさは、胎児期や生後早期の環境の影響を強く受けて決定されるという考え方[17]もあるなど、「こどもの誕生前」も含め、育ちを支える基盤的時期として捉える必要がある。さらに、「育ち」の側面と両輪をなす「学び」の側面[18]からも、米国における研究で、質の高い幼児教育は長期にわたって影響を与えるとされているなど、幼児期までの重要性は世界的にも確認されている。

10　経済財政運営と改革の基本方針 2023（令和5年6月閣議決定）において、「『幼児期までのこどもの育ちに係る基本的な指針（仮称）』を策定し、全てのこどもの育ちに係る質を保障する取組を強力に推進する」とされている。

11　成育基本法（成育過程にある者及びその保護者並びに妊産婦に対し必要な成育医療等を切れ目なく提供するための施策の総合的な推進に関する法律（平成 30 年法律第 104 号））に基づく、成育医療等の提供に関する施策の総合的な推進に関する基本的な方針（令和5年3月閣議決定）においても、「バイオサイコソーシャルの観点（身体的・精神的・社会的な観点）」が重視されている。

12　教育振興基本計画（令和5年6月閣議決定）においては、「ウェルビーイングとは身体的・精神的・社会的に良い状態にあることをいい、短期的な幸福のみならず、生きがいや人生の意義など将来にわたる持続的な幸福を含むものである。また、個人のみならず、個人を取り巻く場や地域、社会が持続的に良い状態であることを含む包括的な概念である。」とされている。

13　このように、障害が本人の医学的な心身の機能の障害と社会における様々な障壁の相互作用によって生じるものであるとする「障害の『社会モデル』」の考え方は、障害を理由とする差別の解消の推進に関する法律（平成 25 年法律第 65 号）等においても取り入れられている。

14　障害の有無にかかわらず、互いにその人らしさを認め合いながら、ともに生きる社会をいう。

15　様々な困難を抱えるこどもや家庭の利益を考えることが、翻って全てのこどものために何が必要かを考えることにつながるという考え方も重要である。

16　生きる環境に適応的に働く脳へと成熟することに向けて、特に環境の影響を受けやすい時期を指すが、その一つがおおむね7～8歳までの時期であるとされている。

17　ＤＯＨａＤ（Developmental Origins of Health and Disease）の概念。

18　文部科学省が主導している「幼保小の架け橋プログラム」等の下で、幼稚園・保育所・認定こども園（以下「幼児教育・保育施設」という。）の施設類型を超えて、家庭や地域における学びも含め、0歳から 18 歳まで切れ目ない学びの連続性を踏まえつつ、「遊びを通した学び」の考え方を重視する幼児教育の充実を図っている。

○取組によって特に着目する月齢や年齢に違いはあるが、「誕生前から幼児期まで」のこどもを重視した支援は、諸外国や国際機関でも推進されているなど、世界の潮流[19]でもある。

○こどもの生涯にわたるウェルビーイングの基礎を培い、人生の確かなスタートを切るために最も重要であるこの時期への社会的投資こそが、次代の社会の在り方を大きく左右する。そのため、こどもと直接接する機会がない人も含め、社会全体にとっても幼児期までが極めて重要であることが、全ての人の間で共有されなければならない。

（全てのこどもへのひとしい保障）

○一方で、児童虐待による死亡事例を例に挙げても、約半数が0〜2歳[20]であるなど、基本的な生命に関するこどもの権利が、誰一人取り残さずひとしく保障されているとは言えない現状がある。

○また、0〜2歳児の約6割は就園していない状態[21]であり、少子化の進行等に伴いきょうだいの数も減ってきている中、こども同士で育ち合う機会や、保護者以外のおとなと関わる機会、様々な社会文化や自然等の環境に触れる機会が、家庭の環境によって左右されている現状がある。園や子育て支援、地域社会等とつながることによって、育ちの環境をより一層充実させる機会は、こどもがどこに暮らしていても、家庭の環境に十分配慮しつつ、ひとしく保障されることが必要である。

○さらに、多くのこどもが通園する満3歳以上[22]にあっても、施設類型や家庭・地域で過ごす時間の違いによって、ひとしく育ちを保障する上での格差が生じないようにしなければならない。

○このように、全てのこどもの育ちをひとしく支える上では、今の親世代の幼児期までの育ちと比べ、家庭や地域の状況など社会情勢が変化していることや、今の社会の現実を踏まえ、従来の発想を超えて対応すべき課題がある。

（こどもから見て切れ目のない保障）

○一人一人のこどもの成長に目を向けると、誕生前後、就園前後、小学校就学前後と、いくつか大きな節目はあるものの、本来こどもの発達は、一人一人違うペースで、絶えることのない連続性の中で進む。「こどもまんなか」の発想に立ち返れば、年齢や学年の事情で引かれた線が、こどもの育ちの大きな切れ目にならないよう、環境（社会）の不断の改善を図っていく必要がある。

○また、こどもは日々の生活において、複数の場や異なる関係性の人との関わりの中で育っており、その環境（社会）は間接的に影響するものも含めて多層的に広がっているものの、こどもの育ちという視点から見ると、家庭、幼児教育・保育施設、こどもの育ちに関する関係機関、地域等のこどもの育ちを支える場を含めた環境（社

会）は全てつながっている。「こどもまんなか」の発想に立ち返れば、これらの環境（社会）に関わる人が緊密に連携し、それぞれが「点」でこどもの育ちを捉えるのではなく、本ビジョンの理念や基本的な考え方を共通言語として共有し、できる限り、それぞれの「点」での支えが横につながった「面」のネットワークで育ちを支える環境（社会）を構築していく必要がある。

（はじめの100か月の育ちビジョンの目的の在り方）
○以上を踏まえ、本ビジョンの目的は、全てのこどもの誕生前から幼児期までの「はじめの100か月」から生涯にわたるウェルビーイング向上を図ることである。
○本ビジョンは、こども基本法の目的・理念にのっとり、多様なこどもの心身の状況や、置かれている環境等に十分に配慮しつつ、ひとしく、それぞれのこどもにとって「こどもの誕生前から幼児期までの育ち」を通じて切れ目なく、こどもの周囲の環境（社会）を捉えながら、その心身の健やかな育ちを保障する観点で定めるものである。
○上記の目的を達成するため、本ビジョンを、全ての人で共有したい理念と基本的な考え方を示し、社会全体の認識共有を図りつつ、政府全体の取組を強力に推進する羅針盤として位置づける。
○このような羅針盤を策定することで、次代の社会を担う全てのこどもの権利を守り、全ての人の関心及び理解を増進するなど社会全体の認識共有を図るとともに、「こども大綱」に基づくこども施策の推進等を通じて全ての人の具体的な取組を推進することにつなげていく。

19　ユニセフ（国連児童基金）は、途上国はもとより先進国においても、幼児期までの期間が重要であるとの考え方をとっており、中でも胎内にいる時から2歳の誕生日までの「最初の1000日」に着目している。これに基づき、栄養やケア、教育やこどもの保護を含めて多面的にこどもやその養育者を支援するプログラムのほか、法律や政策への働きかけ等を行っている。また、おおむね8歳までを発達において重要な「Early childhood」と位置づけ、発達支援に取り組んでいる。
20　令和5年9月にこども家庭審議会児童虐待防止対策部会児童虐待等要保護事例の検証に関する専門委員会がとりまとめた、「こども虐待による死亡事例等の検証結果等について（第19次報告）」。
21　0～2歳児は可能な限り家庭で育てたいと考える保護者がいるなど、就園していないこどもとその家庭の子育て状況は様々であり、就園していないこと自体を問題視するような情報発信や対応とならないように留意が必要。
22　「未就園児等の把握、支援のためのアウトリーチの在り方に関する調査研究」（令和5年3月）によれば、3歳以上の未就園の背景要因には、我が国の場合、低所得、多子、外国籍など社会経済的に不利な家庭のこどもや、健康・発達の課題を抱えたこどもが未就園になりやすい傾向があることが明らかになっていることにも留意。

・こども基本法の理念

(こども基本法について)
○こども基本法は、日本国憲法及び児童の権利に関する条約の精神にのっとり、こども施策の基本理念や基本となる事項を明らかにすることにより、こども施策を社会全体で総合的かつ強力に実施していくための包括的な法律として、令和4年6月に成立し、翌年4月に施行された。
○同法は、こどもと日常的に関わる機会がない人も含めた全ての国民に対して、こども施策への関心と理解を深める努力等を求めている。こども基本法の目的や理念[23]にのっとり策定する本ビジョンにおいても、その理念は、国民的な議論を経て定められたこども基本法の目的や理念をもとに、本ビジョンの対象時期である「こどもの誕生前から幼児期まで」の特徴を踏まえ、整理する。

(乳幼児の思いや願い)
○本ビジョンの対象である乳幼児は、例えば、[安心したい]、[満たされたい]、[関わってみたい]、[遊びたい]、[認められたい]といった思いや願いを持ちながら、身近な人や周囲の環境(社会)との応答的な関係等の中で心身の発達を図り、生涯にわたるウェルビーイングの基盤を築いているといった特徴を有する。本ビジョンにおいては、乳幼児は上記のような思いや願いを持っているということを前提に整理を行った[24]。

(こども基本法にのっとった理念)
○このような本ビジョンの対象時期の特徴も踏まえると、こども基本法に示されている理念は次のように捉えることができ、これを本ビジョンの理念とする。

23 こども基本法（令和4年法律第77号）【抄】

（目的）

第一条 この法律は、日本国憲法及び児童の権利に関する条約の精神にのっとり、次代の社会を担う全てのこどもが、生涯にわたる人格形成の基礎を築き、自立した個人としてひとしく健やかに成長することができ、心身の状況、置かれている環境等にかかわらず、その権利の擁護が図られ、将来にわたって幸福な生活を送ることができる社会の実現を目指して、社会全体としてこども施策に取り組むことができるよう、こども施策に関し、基本理念を定め、国の責務等を明らかにし、及びこども施策の基本となる事項を定めるとともに、こども政策推進会議を設置すること等により、こども施策を総合的に推進することを目的とする。

（基本理念）

第三条 こども施策は、次に掲げる事項を基本理念として行われなければならない。

一 全てのこどもについて、個人として尊重され、その基本的人権が保障されるとともに、差別的取扱いを受けることがないようにすること。

二 全てのこどもについて、適切に養育されること、その生活を保障されること、愛され保護されること、その健やかな成長及び発達並びにその自立が図られることその他の福祉に係る権利が等しく保障されるとともに、教育基本法（平成18年法律第120号）の精神にのっとり教育を受ける機会が等しく与えられること。

三 全てのこどもについて、その年齢及び発達の程度に応じて、自己に直接関係する全ての事項に関して意見を表明する機会及び多様な社会的活動に参画する機会が確保されること。

四 全てのこどもについて、その年齢及び発達の程度に応じて、その意見が尊重され、その最善の利益が優先して考慮されること。

五 こどもの養育については、家庭を基本として行われ、父母その他の保護者が第一義的責任を有するとの認識の下、これらの者に対してこどもの養育に関し十分な支援を行うとともに、家庭での養育が困難なこどもにはできる限り家庭と同様の養育環境を確保することにより、こどもが心身ともに健やかに育成されるようにすること。

六 家庭や子育てに夢を持ち、子育てに伴う喜びを実感できる社会環境を整備すること。

24 ［安心したい］身近な人にくっついて、繰り返し抱っこを求めたり、触れ合ったりすることで安心しながら育つ。

［満たされたい］「愛されたい」「抱っこしてほしい」「食べたい」「寝たい」「関心を持ってほしい」等の思いや欲求を、自分のペースやリズムに合わせて満たしてもらうことで、心地よい生活のリズムをつくりながら育つ。

［関わってみたい］こども同士の関わりの中で、様々な感情を経験しながら、人との関わり方が培われたり、多様な人や環境（社会）と関わることで、それぞれの違いや個性があることに気づいたりしながら育つ。

［遊びたい］身近な環境の中、自分の興味の赴くまま夢中になって遊んだり、自然に触れて、体験して、絵本や地域行事等の文化に触れて感性を育んだり、食事を楽しむことなども含めたあらゆる「遊びと体験」を通して、様々なことを学んだりしながら育つ。

［認められたい］周囲の人にありのままを受け止められ、尊重され、自分の存在や意思、ペースを認めてもらうことで、自分に自信がついたり、そうした経験から他者への理解や優しさを育んだりしながら育つ。

（1）　全てのこどもが一人一人個人として、その**多様性**が**尊重**され、**差別**されず、**権利**が**保障**されている

　　　全てのこどもが、生まれながらにして権利を持っている存在として、いかなる理由でも不当な差別的取扱いを受けることがなく、一人一人の多様性が尊重されている。（こども基本法第3条第1号関係）

（2）　全てのこどもが**安全・安心**に生きることができ、**育ちの質**が**保障**されている

　　　どのような環境に生まれ育っても、心身・社会的にどのような状況であっても、全てのこどもの生命・栄養状態を含めた健康・衣食住が安全・安心に守られ、こども同士つながり合う中で、ひとしく健やかに育ち・育ち合い、学ぶ機会とそれらの質が保障されている。（こども基本法第3条第2号関係）

（3）　こどもの**思いや願い**が**受け止められ**、**主体性**が大事にされている

　　　乳幼児期のこどもの意思は多様な形で表れる。こどもの年齢及び発達の程度に応じて、言葉だけでなく、表情や行動など様々な形でこどもが発する声や、声なき声が聴かれ、思いや願いが受け止められ、その主体性が大事にされ、こどもの今と未来を見据えて「こどもにとって最も善いことは何か」が考慮されている。（こども基本法第3条第3号及び第4号関係）

（4）　**子育てをする人**がこどもの**成長の喜び**を**実感**でき、それを支える社会もこどもの誕生、成長を一緒に喜び合える

　　　身近な保護者・養育者が、社会とつながり合い、社会に支えられ、安心と喜びを感じて子育てを行うことがこどものより良い育ちにとって重要である。保護者・養育者が、子育ての様々な状況を社会と安心して共有することができ、社会に十分支えられているからこそ、こどもの誕生、成長の喜びを実感することができ、社会もそれを一緒に喜び合うことができる。（こども基本法第3条第5号及び第6号関係）

・全ての人とはじめの 100 か月の育ちビジョンを共有する意義

○今後、「こどもの誕生前から幼児期までの育ち」を支えるための理念や基本的な考え方を、本ビジョンを通じて、こどもと直接関わる機会がない人も含めた社会全体の全ての人と共有していくこととなる。その際、こども施策を主導する責務のある国や地方公共団体のみならず、全ての人がそれぞれの立場で「こどもの誕生前から幼児期までの育ち」に関する役割を持っており、その当事者であるという捉え方が大切である。

（全ての人で次代の担い手の人生最初期を支える）

○こどもと日常的に関わる機会がない人も、間接的に「こどもの誕生前から幼児期までの育ち」の支え手として、地域社会を構成し、社会全体の文化を醸成する一人となる。そのため、こども基本法にのっとり、本ビジョンも参考に、こどもの育ちについての関心と理解を深めるよう努める役割が共通して求められている。

○こどもと日常的に関わる機会がない人も含めて、こどもの「誕生前から幼児期まで」の時期を支えることを通じて、今をともに生き、次代をつくる存在であるこどもの生涯にわたるウェルビーイング向上を実現することは、社会全体の全ての人のウェルビーイング向上を持続的に実現するために不可欠な未来への投資である。さらに、幼児期までの「アタッチメント（愛着）」等を土台に、こどもの意見表明・社会参画を社会全体で支えることは、より良い民主主義社会の発展にとっても重要である。

（全ての人が乳幼児とともに全ての人のウェルビーイングを支え合う）

○「こどもの誕生前から幼児期までの育ち」は、おとながこどもを支えるという一方通行の関係のみではない。幼児期までのこども同士が育ち合うという視点や、学童期以降のこども・若者がおとなとともに幼児期までのこどもの育ちを支え合うという視点も大事である。

○このように、幼児期までのこどもを支えるおとなやこども・若者もまた乳幼児に育てられるという視点が大切であり、こどもとおとながともに、こどもの誕生や乳幼児の笑顔に触れ、その成長を喜び合うこと自体がウェルビーイング向上につながる。

○より多くの人が、「こどもの誕生前」や乳幼児の育ちに直接的・間接的に関わる経験をすることは、自分自身が幼児期までの時に、保護者・養育者をはじめとして多くの人に支えられてきたことや、乳幼児が一人の主体であることに気づいたり、子育ての喜びの一端を味わったり、子育て当事者の立場への想像力を持ちやすくなったりする上でも重要である。

（全世代、立場を超えた全ての人の役割）

○本ビジョンでは、こども基本法にのっとり、「2.」の（5）で整理した、別紙1の「こどもまんなかチャート」の考え方も踏まえ、本ビジョンの実現に向けた社会全体の全ての人の役割と、その役割を支えるために特に国に求められることを別紙2のとおり整理した。

2．幼児期までのこどもの育ちの5つのビジョン

（羅針盤としての5つのビジョン）

○本ビジョンでは、子育て当事者の立場からの知見、脳科学・発達心理学・公衆衛生学・小児科学等の科学的知見、幼児教育や保育における実践や理論を背景とする専門的知見等を踏まえてなされた議論をもとに、こどもの育ちについての身体的・精神的・社会的ウェルビーイングの観点を踏まえ、以下の5つを本ビジョンの柱として整理した。

○これらは、普遍的に重要な考え方を踏まえつつ、現代の我が国の社会的状況に鑑みて、当面の羅針盤として特に全ての人と共有したい基本的視点を整理したものである。

（1）こどもの権利と尊厳を守る

（2）「安心と挑戦の循環」を通してこどものウェルビーイングを高める

（3）「こどもの誕生前」から切れ目なく育ちを支える

（4）保護者・養育者のウェルビーイングと成長の支援・応援をする

（5）こどもの育ちを支える環境や社会の厚みを増す

（5つのビジョンの関係性）

○生涯にわたるウェルビーイング向上のためには、その前提として、全ての人の責任の下で、権利主体としてのこどもに必ず保障しなければならない権利と尊厳が、全てのこどもにひとしく保障されることが重要である。

○その上で、乳幼児の発達の特性も踏まえ、ウェルビーイング向上において特に重要な「アタッチメント（愛着）」と「遊びと体験」に着目し、「安心と挑戦の循環」という考え方を整理している。

○これらは、直接的には乳幼児の育ちを支える時に重要なことだが、そのためには「こどもの誕生前」から切れ目なく育ちを支えることが不可欠である。

○また、こどもの誕生後も含めて、乳幼児は身近な保護者・養育者の影響を強く受けることや、保護者・養育者自身にとっても「こどもの誕生前から幼児期まで」は最初期であり、特に支援が必要であることを踏まえ、こどもの育ちを支える観点から、こどもとともに育つ保護者・養育者のウェルビーイングと成長を支えることが重要である。

○さらに、このように家庭を基本として養育の第一義的責任を有する保護者や養育者の役割が重要であるからこそ、その養育を社会が支え、応援することが大切である。また、こどもは家庭のみならず、様々な環境や人に触れながら豊かに育っていくが、こどもの育ちに関する家庭や地域等の社会の情勢変化により、今の親世代が乳幼児期を過ごした時代から変化している現代の社会構造を踏まえ、こどもの育ちを支える環境や社会の厚みを増していくことが必要である。

○身体的・精神的・社会的な観点（バイオサイコソーシャルの観点）を踏まえながら、このような考え方で整理した5つのビジョンを共有して、国や地方公共団体が「こどもの誕生前から幼児期までの育ち」に関係するこども施策を推進すること等を通じて、全ての人とともに具体的な取組を進め、それらを不断に見直し、一層充実させていくこととする。

（1）こどもの権利と尊厳を守る

○本ビジョンは、生涯にわたるウェルビーイング向上のために、「こどもの誕生前から幼児期まで」を全ての人で支えていく必要があることについて、基本的な考え方を整理したものである。この基本的な考え方に基づき、こどもの育ちの質を保障し、その権利と尊厳を守ることと、育ちの質の向上を図ることの双方が重要である。

○なお、こどもの心身の状況や置かれた環境等に十分配慮しつつ、乳幼児のウェルビーイング向上を支える観点が重要であることや、全ての人と乳幼児の育ちに関する考え方を共有すること自体が大切な観点であることから、乳幼児の育ちに必要なことや、避けるべき内容の具体例を論じるのではなく、乳幼児の権利や尊厳に基づいて、こどもの育ちの質の保障と向上に関する基本的な考え方を整理している。

○こども基本法は、児童の権利に関する条約のいわゆる4原則、「差別の禁止[25]」「生命、生存及び発達に対する権利[26]」「児童の意見の尊重[27]」「児童の最善の利益」も踏まえて、こども施策に関する基本理念等を定めている[28]。「こどもの誕生前から幼児期まで」のこどもの育ちの質は、権利主体としての乳幼児の権利を守る観点に立ち返り、こども基本法にのっとり、こどもの権利に基づき、保障し向上させていく必要がある。

（2）「安心と挑戦の循環」を通してこどものウェルビーイングを高める

①育ちの鍵となる「安心と挑戦の循環」

○「こどもの誕生前から幼児期までの育ち」の最たる特徴は、「アタッチメント（愛着）」の形成と豊かな「遊びと体験」が重要ということである。これらが生涯にわたるウェルビーイング向上の土台をつくる。本ビジョンでは、このこどもの育ちの鍵となる考え方を「安心と挑戦の循環」として整理した。

○乳幼児期の安定した「アタッチメント（愛着）」は、こどもに自分自身や周囲の人、社会への安心感をもたらす。その安心感の下で、こどもは「遊びと体験」等を通して外の世界への挑戦を重ね、世界を広げていくことができるのであり、その過程をおとなが見守りこどもの挑戦したい気持ちを受け止め、こどもが夢中になって遊ぶことを通して自己肯定感等が育まれていくことが重要である。このような「安心と挑戦の循環」は、こどもの将来の自立に向けても重要な経験である。

②幼児期までのこどもの育ちに必要な「アタッチメント（愛着）」の形成

○各分野の専門性の中で議論されてきた、こどもの育ちに必要な「アタッチメント（愛着）」の位置づけやその重要性について、全ての人と分かりやすく共有することが大切である。例えば「『愛着』の対象は母親、血縁関係にある者でなければならない」

等の過去の社会通説[29]にとらわれず、乳幼児期に真に必要な愛着について、科学的知見を踏まえた考え方と育ちのプロセスにおけるその重要性を全ての人と共有することが必要である。

○こどもの育ちに必要な「アタッチメント（愛着）」は、こどもが怖くて不安な時などに身近なおとな（愛着対象）がその気持ちを受け止め、こどもの心身に寄り添うことで安心感を与えられる経験の繰り返しを通じて獲得される安心の土台である。また、「アタッチメント（愛着）」は、こどもが自分や社会への基本的な信頼感を得るために欠くことのできないものであり、こどもの自他の心への理解や共感、健やかな脳や身体を発達させていくものである。

○安定した「アタッチメント（愛着）」は、自分や他者への信頼感の形成を通じて、いわゆる非認知能力の育ちにも影響を与える重要な要素であり、生きる力につながっていくとされている。また、「愛着」という言葉は、保護者・養育者とこどもの関係のみを指す印象を持つことがある。もとより、保護者・養育者はこどもが「アタッチメント（愛着）」を形成する対象として極めて重要である[30]ものの、保育者など、こどもと密に接する特定の身近なおとなも愛着対象になることができる。

○なお、こどもの育ちを通して保護者・養育者も育つという観点から、「アタッチメント（愛着）」の形成は、こどものみならず、保護者・養育者にとっても重要である。

25　本ビジョンが前提とする共生社会の実現に向けた考え方として、「1.」で整理した考え方も参照。
26　全てのこどもの生命・栄養状態を含めた健康・衣食住が安全・安心に守られる必要があり、そのためには、「幼稚園教育要領解説」「保育所保育指針解説」「幼保連携型認定こども園教育・保育要領解説」（以下「3要領・指針解説」という。）にも関連する記載があるように、こどもが食事、排泄、睡眠、衣類の着脱、身の回りを清潔にすることなどの生活習慣を習得することについて、適切な時期に適切な支援をしていくことが求められる。
27　乳幼児期の発達の特性を踏まえれば、こどもの意見は必ずしも言葉で表されるものではなく、様々な思いや願いとして多様な形で表れる。例えば、保育所等におけるこどもの睡眠についても、一人一人多様なペースがあり、睡眠に関する個人差を踏まえて配慮をすることなども、そのような思いや願いを受け止め、尊重することにほかならない。
28　児童福祉法においても、児童は「適切に養育されること、その生活を保障されること、愛され、保護されること、その心身の健やかな成長及び発達並びにその自立が図られることその他の福祉を等しく保障される権利」を有し、また、国民は「児童が良好な環境において生まれ、かつ、社会のあらゆる分野において、児童の年齢及び発達の程度に応じて、その意見が尊重され、その最善の利益が優先して考慮され、心身ともに健やかに育成されるよう努めなければならない」こととされている。
29　科学的知見に基づき、いわゆる「3歳児神話（こどもは3歳までは、常時家庭において母親の手で育てないと、こどものその後の成長に悪影響を及ぼすという言説）」には根拠がないとされている。
30　こうした観点からも、後述のとおり、保護者・養育者のウェルビーイングと成長を支えることは重要である（2.（4）参照）。

③幼児期までのこどもの育ちに必要な豊かな「遊びと体験」

（豊かな「遊びと体験」）

○乳幼児期からウェルビーイングを高めていく上では、上述の「アタッチメント（愛着）」を基盤として、人や環境との出会いの中で、豊かな「遊びと体験」を通して外の世界へ挑戦していくことが欠かせない要素である。

○乳幼児の育ちの最大の特徴とも言える行為が「遊び」である。また、自然に触れたり、芸術や地域行事等の文化に触れて感性を育んだり、日常生活における豊かな「体験」を得たりすることも重要である。

○本ビジョンでは、理念や基本的な考え方を全ての人で分かりやすく共有する観点から、「遊びと体験」を念頭に、「安心と挑戦の循環」において「挑戦」という表現を用いている。

○こどもの生活の中心を占める「遊び」について、こどもの育ちにおける重要性の過小評価も見られる中で、生涯にわたるウェルビーイング向上のために乳幼児期に必要な豊かな「遊びと体験」について、できる限り具体的な場面が浮かぶように留意しつつ、「遊びと体験」についての考え方を、こども目線の「遊び」の観点から整理した。

○また、豊かな「遊びと体験」を通した挑戦は、基盤となる「アタッチメント（愛着）」さえあれば乳幼児が主体的に向かうものではない。多様なこどもやおとなとの出会い、モノ・自然・絵本等[31]・場所といった環境[32]との関わりを通して、様々な感覚を働かせながら、環境からの刺激を受けることが必要であり、そうした豊かな「遊びと体験」の機会を、保護者・養育者、幼児教育・保育施設や子育て支援施設の保育者等を含めた全ての人の取組を通じて、日常的に保障することにより、乳幼児の更なる挑戦を支援・応援していくことが大切である。

（乳幼児の育ちにとって重要な「遊び」の保障）

○乳幼児期のこどもの生活の中心は遊びであり、ここでの「遊び」とは、こどもが主体的に興味を持ち、夢中になって心と身体を動かして行う行為である。遊びは何らかの効果を求めてさせるのではなく、それ自体が目的である。

○また、遊びは、こどもが現在を十分に楽しみ、自分の思いを発揮することを通して幸せに生きることそのものであり、ウェルビーイングにつながる。遊びを保障することは、こどもの「楽しい」「したい」という思いや願いを尊重することであり、その中で遊びが変化しながら、やがて自分のやりたいことを成し遂げるための目的のある遊びにもつながっていく。

○さらに、遊びには、こどもの様々な育ちを促す重要な機能がある。こどもが遊びに没頭し、身体の諸感覚を使い、自らの遊びを充実、発展させていくことは、言語や

数量等の感覚などの認知的スキルと、創造性や好奇心、自尊心、想像力や思いやり、やり抜く力、相手や現実の状況と折り合いをつける力などの社会情動的スキルの双方を育むことに加え、多様な動きを身に付け、健康を維持することにつながる。ひいては、生涯にわたるウェルビーイングにつながるため、遊びを保障することは重要である[33]。

（多様なこどもやおとなとの出会い）

○遊びにおいて、こどもは特定のおとなとの関係だけではなく、多様なこどもやおとなとの出会いの中で育つことを踏まえることが重要である。自分一人でじっくり遊ぶ一人遊びが大切であるとともに、こどもは他者との関わりの中で多様な刺激を受けながら、次第に自分の世界を広げ、成長する。

○こどもは、保護者・養育者あるいはそれ以外のおとなとの信頼関係を基盤にしながら、次第に同年齢・異年齢の親しい友達が生まれる中で、葛藤やいざこざを経験しながら、他者への親しみを通して自己の世界を広げていく。保護者等の特定のおとなや同世代のこども同士の関わりが大切であるが、それ以外にきょうだい、異年齢のこども同士、地域の様々なおとなとの関わりを通して多様な人間関係を学ぶ。

第3章

資料

31　3要領・指針解説においては、園児が興味や関心を抱き、主体的に関われるような環境の一つとして、絵本、物語などのような園児にとって身近な文化財のある生活環境等が考えられるとしている。また、こども家庭審議会では、こどもたちの健やかな育ちに役立てるため、「児童福祉文化財」と称して、絵本や児童図書等の出版物、演劇やミュージカル等の舞台芸術、映画等の映像・メディア等の優れた作品を推薦している。

32　「モノ」には、積木やブロック等の遊具、空き箱や廃材等の素材、ハサミ等の道具など、「自然」には、葉っぱなどの植物、虫などの生き物、風や空など、「絵本等」には、絵本に加えて図鑑や物語など、「場所」には、公園等の公共の場だけでなく、海や山、商店街など日常的な場が含まれる。

33　文部科学省中央教育審議会の幼児教育と小学校教育の架け橋特別委員会が令和5年2月にとりまとめた「学びや生活の基盤をつくる幼児教育と小学校教育の接続について～幼保小の協働による架け橋期の教育の充実～」においても、0歳から18歳までの学びが連続している中で、こどもは遊びを通して学ぶという幼児教育の特性についての認識を社会と共有し、幼児期において遊びを通して育まれてきた資質・能力（認知能力・非認知能力）が、小学校以降の学習に円滑に接続するよう教育活動に取り組む重要性について示されている。

（多様なモノ・自然・絵本・場所等との関わり）

○また、こどもは人だけでなく、モノ・自然・絵本等・場所といった多様な環境に興味を持ち、様々な関わり方をする中で成長する[34]。豊かな遊びには、こどもの働きかけにより、変化や手応え等の応答が得られる環境や、こどもの成長に応えられる環境が必要である。

○豊かな遊びの環境に関わる中で、こどもは心や体を動かしながら、気づき、試行錯誤して世界を深め、広げていく。体験、外遊び、絵本等についても、このような「環境との関わり」の観点で捉えることが重要である。

○なお、遊びは、日常生活の中で、個々のペースや興味・関心に合わせて、こども自身が主体的に展開することが大切であり、おとなはこどもの思いや願いを尊重しながら、遊びの環境を整えていく必要がある。

（3）「こどもの誕生前」から切れ目なく育ちを支える

○こどもの育ちは、連続性と多様性が基本である。中でも、乳幼児期はこれらを重視して育ちを支えることが特に重要である。一方、誕生前後、就園前後、小学校就学前後等のタイミングで、こどもの年齢に応じて環境（社会）の面が大きく変わる節目がいくつか存在する。

○このような節目が、こどもの育ちの大きな「切れ目」にならないように、こどもの発達の過程や連続性に留意して、ウェルビーイング向上に必要な環境（社会）を切れ目なく構築していくことが重要である。特に、乳幼児の育ちは、身体的・精神的・社会的な観点（バイオサイコソーシャルの観点）を踏まえて、母子保健分野とこども家庭福祉分野が連携することも含め、「こどもの誕生前」から切れ目なく支えることが重要であることを強調したい。なお、保護者・養育者が必要な支援を受けることに負い目を感じないように配慮することも必要である。

○また、こどもは、「誕生前から幼児期まで」の時期を経て、学童期、思春期、青年期と切れ目なく育っていき、かつて自身の育ちを支えられた者が、様々な立場で次代のこどもの育ちを支えるという循環が続いていく。このような好循環を生み出すためにも、ライフイベントの多様性を尊重しつつ、全ての人が、学童期・思春期・青年期から、教育機関や地域において、乳幼児の育ちや子育てについて学んだり、乳幼児と関わったりする体験ができる機会が重要である。これにより、こどもも「こどもまんなか社会」のつくり手であるという自覚を持つようになる。

○以上のことから、本ビジョンでは、こどもの発達の連続性と多様性を踏まえ、次の4つの時期ごとの留意事項を整理した。

<①妊娠期（保護者・養育者がこどもの誕生を迎え入れる準備期）[35]>

○妊婦やその家族を社会全体で支援・応援することが、こどもの育ちを支えるはじめの一歩となる。こどもの誕生を迎え入れる準備期において、妊娠前・妊娠中の生活習慣[36]や栄養状態を含めた母親の心身の健康を支えることはもちろん、父親も含めて、保護者・養育者のウェルビーイングを支え、必要な知識の獲得等に向けた成長支援を行うことが重要である。保護者・養育者が、こどもの育ちについての関心や理解を深め、困った時に支援を得られる人や手段を確認するなど、今後の子育てをポジティブに感じられるような見通しを持つことができるように、あらゆる機会を活かして支えていく必要がある。

○育ちを切れ目なく支える観点から、妊娠以前の時期を含め、プッシュ型の情報提供を行うことなどにより、子育てに関する分かりやすく信頼できる情報へアクセスしやすくすることや、専門性を持って保護者・養育者を支援し、その成長に伴走する人の存在を確保することが重要である。

<②乳児期>

○危険や疾病から生命を守ることなど、生きるために基本的なことの全てにおいて、保護者・養育者や直接接するおとなに依存する時期であり、「アタッチメント（愛着）」を形成するはじめの重要な時期でもある。また、保護者・養育者にとって、子育て期の中でも特に大変さを感じやすい時期であり、こどもの育ちの質を保障する観点からも、産後の母親・父親の支援や、保護者・養育者が子育てについて学んだり、喜びや悩みを共有したりする場があること、保護者・養育者の子育ての負担感や孤立感の緩和等を全ての人で支えていくことが必要である。

○育ちを切れ目なく支える観点から、こどもの誕生前後で大きく生活環境が変わる保護者・養育者に対して、支援を求めにくい事情がある人も含め、妊産婦・乳幼児の健診や地域子育て支援など様々な機会を活用し、多職種による重層的な支援を届けることが重要である。

---

34 例えば、こどもは、単なる道端の葉っぱであっても、興味を持つとそれを拾って、触れたり、並べたり、比べたり、色水をつくったり、絵を描いたりするなど、環境との多様な関わり方をする。

35 妊娠期は、保護者・養育者として必要な脳と心が、母親だけでなく父親についても妊娠期から育つといった観点からも、こどもの誕生を迎え入れる準備期として重要な時期である。

36 妊娠前からはじめる妊産婦のための食生活指針〜妊娠前から、健康なからだづくりを〜（令和3年3月厚生労働省）では、妊娠前からの栄養の重要性が示されており、妊娠前からの適切な食習慣が形成されるよう、バランスの良い食事や適切な運動、たばこや飲酒等についての10項目の指針が示されている。

＜③おおむね１歳から３歳未満＞
○基本的な身体機能や運動機能が発達し、様々な動きを十分に楽しみながら、人や
　モノとの関わりを広げ、行動範囲を拡大させていく時期である。また、家庭の状
　況等によって幼児教育・保育施設へ就園していないこどもも多いが、こどもがど
　のような環境にあっても、ひとしい育ちを保障する必要がある。
○育ちを切れ目なく支える観点から、全ての保護者・養育者について、その就労環
　境や幼児教育・保育等の利用状況が変わるタイミングにおいても、こどもの育ち
　の質が共通して保障されるように留意することが重要である。

＜④おおむね３歳以上から幼児期の終わり＞
○多くのこどもが、幼児教育・保育施設等において、様々な年齢のこどもとの関わ
　りを通して育ち、義務教育段階につながっていく時期である。こどもが保育者等
　のおとなや他のこどもとの応答・対話などにおいて、より幅広く意思を発するよ
　うになり、集団や社会で受け止められる経験等を通して、自己肯定感等を得なが
　ら育っていく。
○育ちを切れ目なく支える観点から、こどもが幼児教育・保育施設へ就園するよう
　になった後も、家庭、医療・保健・教育・福祉・療育[37] 等の関係施設、地域が連
　携し、ともに連続した生活の場としてこどもの育ちの質を保障していくことが重
　要である。
○また、「幼児期の終わり」までの育ちがそれ以降の育ちに、心身の面だけでなく、
　環境（社会）やそのネットワークの面でもつながっていくことを踏まえ、この時
　期の節目が切れ目とならないよう、幼児期と学童期以降の接続を不断に改善する
　ことが重要である。このため、医療・保健・教育・福祉・療育など、こどもの成
　長に関わる分野の関係者が連携し、認識を共有しながら、幼児期から学童期にわ
　たる育ちを保障していくことが重要である[38]。

（4）保護者・養育者[39] のウェルビーイングと成長の支援・応援をする

（幼児期までの保護者・養育者への支援・応援[40] の重要性）
○こどもを養育する第一義的責任を有する保護者や養育者は、こどもに最も近い存在
　であり、特に「こどもの誕生前から幼児期まで」は、「アタッチメント（愛着）」の対
　象となる保護者・養育者がこどもの育ちに強く影響を与えることから、保護者・養
　育者自身のウェルビーイングを高めることが、こどもの権利と尊厳を守り、「安心
　と挑戦の循環」を通してこどものウェルビーイングを高めていく上でも欠かせない。
○また、幼児期までは、こどもにとって人生の最初期であるとともに、保護者・養育
　者自身にとっても養育経験の最初の時期である。子育てにも手がかかる時期である

ことから、出産前後の綿密なケアを含め、特にこの時期において、こどもとともに育つ保護者・養育者への支援・応援をきめ細かに行い、そのウェルビーイングと成長を全ての人で支えることが重要である。

○一方で、保護者・養育者であれば子育てを上手に行うことができて当たり前であるといった考え方や、子育てにおいて誰かに頼ったり相談したりすることを恥ずかしいと捉えるような価値観が社会にあることは否定できず、必要以上に保護者・養育者を追い込まないように留意する必要がある。

○さらに、地縁・血縁の希薄化など社会情勢の変化により、子育てを取り巻く環境が大きく変わる中で、保護者・養育者が子育てを自分だけで背負わず、必要な親子関係の構築や、主体的な親としての学び・育ち等に向けた支援・応援を受けることが当たり前である環境（社会）をつくっていく必要がある。

○保護者・養育者がこどもの養育についての不可欠な役割を持つ者であるからこそ、保護者・養育者のウェルビーイングと成長の支援・応援が必要であり、子育ての支援・応援を社会全体で保障していくことが、こどものウェルビーイングのために重要である。

○なお、保護者・養育者の心身の状況や置かれた環境も多様であり、障害のあるこどもを養育している場合や、ひとり親、貧困家庭の場合など、特別な支援を要する子育て環境にある保護者・養育者に対しては、特に配慮する必要がある。だからこそ、保護者・養育者のウェルビーイングと成長の支援・応援についても、こどもの育ちへの切れ目ない伴走によって、保護者・養育者の心身の状況、置かれている環境等に十分に配慮しつつ、ひとしく保障されることが重要である。

---

37 「療育」とは、障害のあるこども等に対し、身体的・精神的機能の適正な発達を促し、日常生活及び社会生活を円滑に営めるようにするために行う、それぞれの障害等の特性に応じた福祉的、心理的、教育的及び医療的な援助のことを指す。

38 幼保小の接続について、文部科学省においては、教育の専門性の下、幼保小の協働による架け橋期（5歳児から小学校1年生までの2年間を指す）の教育の一層の充実を推進している。

39 保育者など、保護者・養育者の養育役割の一部を補う立場で、日常的に乳幼児を育てる立場にある人への支援・応援も、育ちの要素として重要である。

40 本ビジョンでは、「支援」は、経済的支援ではなく、子育て自体の支援、家庭教育支援など、保護者・養育者に寄り添い、伴走したり、何らかの直接的な援助を行ったりするなどの意味合いで用いている。また、支援ニーズの高い人へのハイリスクアプローチのみならず、ポピュレーションアプローチも重要であり、どのような保護者・養育者も支えられながら養育を行うことが当たり前であるという社会認識を共有する観点から、支援者による積極的なケアや、必要に応じた子育て当事者のサポートなどを含めた幅広い概念を表すために、「支援・応援」が重要としている。

（保護者・養育者が支援・応援につながるための工夫）

○保護者・養育者支援のための制度やサービスは、必要としている人が必要なタイミングでつながることができなければ意味をなさない。また、制度やサービスの存在を知らない、支援・応援を受けることへの躊躇や偏見がある、自身の状況を説明することが困難であるなど、支援・応援へのつながりを阻むハードルがあることも考慮する必要がある。全ての保護者・養育者が必要な支援・応援につながることができるよう、こども同士がつながる身近な場所等も活用して、少しでも多くの保護者・養育者との接点をつくり出し、量的な保障も含めて、これらの支援・応援を切れ目なく、ひとしく保障することが重要である。

○このような観点から、ライフイベントの多様性を尊重しつつ、全ての人が、学童期・思春期・青年期から、教育機関や地域において、乳幼児の育ちや子育てについて学んだり、乳幼児と関わったりする体験ができる機会を保障していくべきである。

（こどもとともに育つ保護者・養育者の成長の支援・応援）

○こどもを育てる中で、保護者・養育者自身もこどもとともに育っていくという視点が重要である。こどもを養育するために必要な脳や心の働きは、経験によって育つものであり、生物学的な性差がないとの研究報告もある[41]。そのため、性別にかかわらず、保護者・養育者がこどもと関わる経験を確保することがその成長につながり、こどもの育ちを保障することにもつながる。

○このように、こどもの育ちには親の育ちも必要であることから、子育てと家庭教育の双方の観点で、保護者・養育者の成長を支援・応援することも重要である。また、こどもと過ごす時間や触れ合う経験を確保するため、保護者・養育者の労働環境の整備を含めた対応が必要である。さらに、保護者・養育者同士の育ち合いはもちろん、こどもの思いや願いを受け止めて必要な対応につなげるためにも、信頼できる情報や伴走者として、保健師やソーシャルワーカーをはじめとした母子保健やこども家庭福祉等の専門職による成長支援などが重要である。

○また、保護者・養育者同士がつながることで、その育ち合いを促すことができる。このため、子育て支援や家庭教育支援の中では、このようなネットワーク形成が重視されることが望ましい。

○さらに、体罰によらない子育てのために必要なこと[42]、おとなからこどもへの避けたい関わり、こどもの主体性の発揮に向けて必要なことなど、家庭教育支援やこどもの権利の観点も含め、子育てに関して、分かりやすく信頼できる情報が保護者・養育者に届くことや、保護者・養育者がこのような情報へ主体的にアクセスし、学べることが必要である。また、専門性を持って保護者・養育者とともにこどもの育ちを見守り、保護者・養育者のこどもへの理解を促すなど、保護者・養育者の成長に伴走する人の存在も重要である。

（5）こどもの育ちを支える環境や社会の厚みを増す

○こどもの育ちの質には、保護者・養育者や、こどもに関わる専門職のみならず、全ての人が、それぞれの立場で直接的・間接的に影響している。養育の第一義的責任を有する保護者や養育者の役割は重要であるからこそ、こどもの育ちに関する家庭や地域等の社会の情勢変化も踏まえて、現代の社会構造に合った発想で、こどもの育ちを支える環境や社会の厚みを増していくことが必要である。

○また、こどもは保護者・養育者や保育者のみならず、様々な人と関わり合い、家庭のみならず様々な空間で日々を過ごしている。特に幼児期までは、こども自身が自分の状況や思い・願いを言葉で伝えにくいこともあり、学童期以降のこども以上に、周囲のおとなが一人一人のこどもの状況を把握し、思いや願いを汲み取り、積極的に育ちを支えることが重要である。

○そのためには、様々なこどもと直接接する人、こどもが過ごす空間（幼児教育・保育施設や子育て支援の施設のみならず、公園、図書館、科学館等の様々な体験施設や自然環境、デジタル空間も含む。以下同じ。）、地域の空間、施策や文化に関わる全ての人がこどもの育ちの質に与える影響について、環境（社会）の広がりやつながりの観点から、分かりやすく「見える化」することが有効と考えられる。このため、本ビジョンでは、「こどもまんなかチャート[43]」を作成し、「保護者・養育者」、「こどもと直接接する人」、「こどもが過ごす空間」、「地域の空間」、「施策や文化」といった層ごとに整理した。あわせて、本ビジョンの実現に向けた社会全体の全ての人の役割と、その役割を支えるために特に国に求められることを整理した[44]。

○なお、地域において、「こどもまんなかチャート」の様々な立ち位置でこどもを支える人同士をつなぐ、コーディネーターの役割も必要である。

41　参考文献：Ruth Feldman, Katharina Braun & Frances A. Champagne (2019). The neural mechanisms and consequences of paternal caregiving. *Nature Reviews Neuroscience, 20*, 205-224. ほか。

42　令和元年6月に児童虐待防止対策の強化を図るための児童福祉法等の一部を改正する法律（令和元年法律第46号）が成立し、親権者等は、児童のしつけに際して、体罰を加えてはならないことが法定化され、令和2年4月に施行された。政府において、「体罰等によらない子育てのために～みんなで育児を支える社会に～」（令和2年2月）がとりまとめられるなど、体罰禁止に関する考え方等を普及し、社会全体で体罰等によらない子育てについて考えるとともに、保護者が子育てに悩んだ時に適切な支援につながることができるようにするための取組が推進されている。

43　別紙1 参照。「こどもの誕生前から幼児期までの育ち」に、社会の様々な立場の人がどのような立ち位置で、こどもを支える当事者となり得るのかについて分かりやすく図式化したもの。全ての人が当事者となり、「こどもまんなか」という一貫した考え方の下でこどもの育ちを保障していくという理念や、こどもも「こどもまんなか社会」のつくり手であるという考え方も表している。

44　別紙2 参照。

＜保護者・養育者＞

○こどもを養育する立場にある「保護者・養育者」は、こどもに最も近い存在であり、こどもにとって「アタッチメント（愛着）」を形成する対象となることを通じ、こどもの育ちに極めて重要な役割を果たす。このため、こどものウェルビーイング向上に必要な考え方を保護者・養育者と共有することや、保護者・養育者が社会に支援・応援されながら、安心して子育てを行えるようにすることが、こどもの育ちにとって大切である。また、保護者・養育者間の良好な関係性や、保護者・養育者自身が心身ともに健康的な状態を保持することも大切な要素である。以上のことから、（４）のビジョンに基づき、保護者・養育者のウェルビーイングと成長を支えることが重要である。

○なお、妊娠期においては、保護者・養育者自身が「こどもまんなかチャート」の真ん中に位置することとなる。

＜こどもと直接接する人＞

○保護者・養育者だけでなく、「こどもと直接接する人」もこどもの育ちに大きな影響を与える。こどもと「アタッチメント（愛着）」を形成することができる人は、必ずしも保護者・養育者に限らず、こどもと密に接する保育者等も含まれ、こどもにとって日常的に重要な役割を果たすことができる。

○これらの人には、親族、保育者、医師（小児科医・産婦人科医等）、保健師、助産師、看護師等や、その他こどもに関わる専門職と周囲のおとな等に加え、関わり合うこども同士も含まれる。

＜こどもが過ごす空間＞

○乳幼児は、環境や人との関わり、遊びを通して育つため、日常的に「こどもが過ごす空間」が重要である。このような空間は、保護者・養育者や直接接するおとなが落ち着いた環境でこどもに関わることを通じて、直接的・間接的にこどもの育ちに影響を与える重要な要素である。また、公園等の公共の空間では、こどもが思う存分遊びにくい状況となっている場合もある。公園等は、こどもの豊かな育ちや遊びの場として重要であることなどについて、こどもや子育てに優しい社会に向けた気運醸成を進めるために、社会全体の認識共有を図っていくことが必要である。

○これらのこどもが過ごす空間を豊かなものにするためには、居住空間や園・施設の空間のみならず、これらの空間をつくる「こどもを見守る人」が重要であり、この「こどもを見守る人」には、幼児教育・保育施設や地域子育て支援の運営者、民生委員・児童委員等が含まれる。これらの人は、こどもが安全[45]に過ごす空間をつくり、こどもが置かれている状況を確認するとともに、必要に応じてその環

境を改善していく重要な役割を果たす。

＜地域の空間＞

○こどもが暮らす「地域の空間」も、直接的・間接的に、こどもの育ちに影響を与える重要な要素である。この空間を形作る人としては、近所や商店の人、居住地域の地方公共団体の職員など、「地域社会を構成する人」が挙げられる。

○これらの人との間においても、本ビジョンの内容を共有し、地域社会の未来を担うこどもの育ちを応援する社会をつくることが重要であり、こどもたちの社会への信頼感の形成にもつながる。その際、どのような地域においても、心身の状況や置かれている環境等にかかわらず、こどもの育ちを保障していくことが大切である。

＜施策や文化＞

○我が国の「施策や文化」は、保護者・養育者、こどもと直接接する人、こどもが過ごす空間、地域の空間の全てに影響を与え、間接的にこどもの育ちに影響を与える。

○この施策や文化をつくる主要な関係者としては、政策に携わる人、こどもに関係する企業の人、保護者・養育者等が働く企業の人、多様な情報や人々の声を届けるメディアの人など、「社会全体の環境をつくる人」が挙げられる。これらの人は、保護者・養育者の働き方も含めた社会の仕組みづくり、こどもとおとなが交流する機会の創出、こどもの育ちに関する適切で分かりやすい情報の発信等を通じて、人々の認識に影響を与え得る立場にある。このため、これらの人との間でも、本ビジョンを共有していくことがこどもの育ちにとって欠かせない。

45　こどもの性被害防止の観点からも、こどもが安全に過ごすことのできる状況をつくることも大切であり、例えば、令和5年7月に「性犯罪・性暴力対策強化のための関係府省会議」・「こどもの性的搾取等に係る対策に関する関係府省連絡会議」合同会議でとりまとめられた、「こども・若者の性被害防止のための緊急対策パッケージ」に基づき、全てのこどもを対象に、「水着で隠れる部分」は自分だけの大切なところであり、他人に見せない、触らせないことや、性被害に遭ったときには周囲のおとなや関係機関に相談できることなどを教える、「生命（いのち）の安全教育」の全国展開を推進すること、こども関連業務従事者の性犯罪歴等確認の仕組み（日本版ＤＢＳ）の導入に向けて取り組むことなど、総合的に取組を進めていくことも重要である。

3．はじめの100か月の育ちビジョンに基づく施策の推進

○本ビジョンをこどもの育ちの充実につなげ、実効性を確保するためには、その理念や基本的な考え方をこども施策へ反映し、全ての人とともに進める具体的実現策を一体的・総合的に推進することが不可欠である。

○その際、こども基本法に基づき、こども施策の基本的な方針や重要事項等について定める「こども大綱」に本ビジョンの理念や基本的な考え方を反映し、「こども大綱」の下で策定することとしている「こどもまんなか実行計画」において、具体的施策を推進するとともに、必要に応じて施策を見直していく。

○さらに、国において、こども施策の司令塔となるこども家庭庁が中心となり、省庁の縦割りを超えて関係省庁と緊密に連携し、

①世代や立場等を超えた全ての人と本ビジョンの考え方を共有するため、効果的な普及啓発を通じて、社会全体の認識共有や具体的な行動の促進のための取組を推進すること

②本ビジョンに関連する状況について、定期的にモニタリングや調査を行い、取組のフォローアップを行うとともに、必要に応じて本ビジョンを見直すこと

など、本ビジョンの実現に向けた取組を強力に推進する。

別紙1　それぞれのこどもから見た「こどもまんなかチャート」

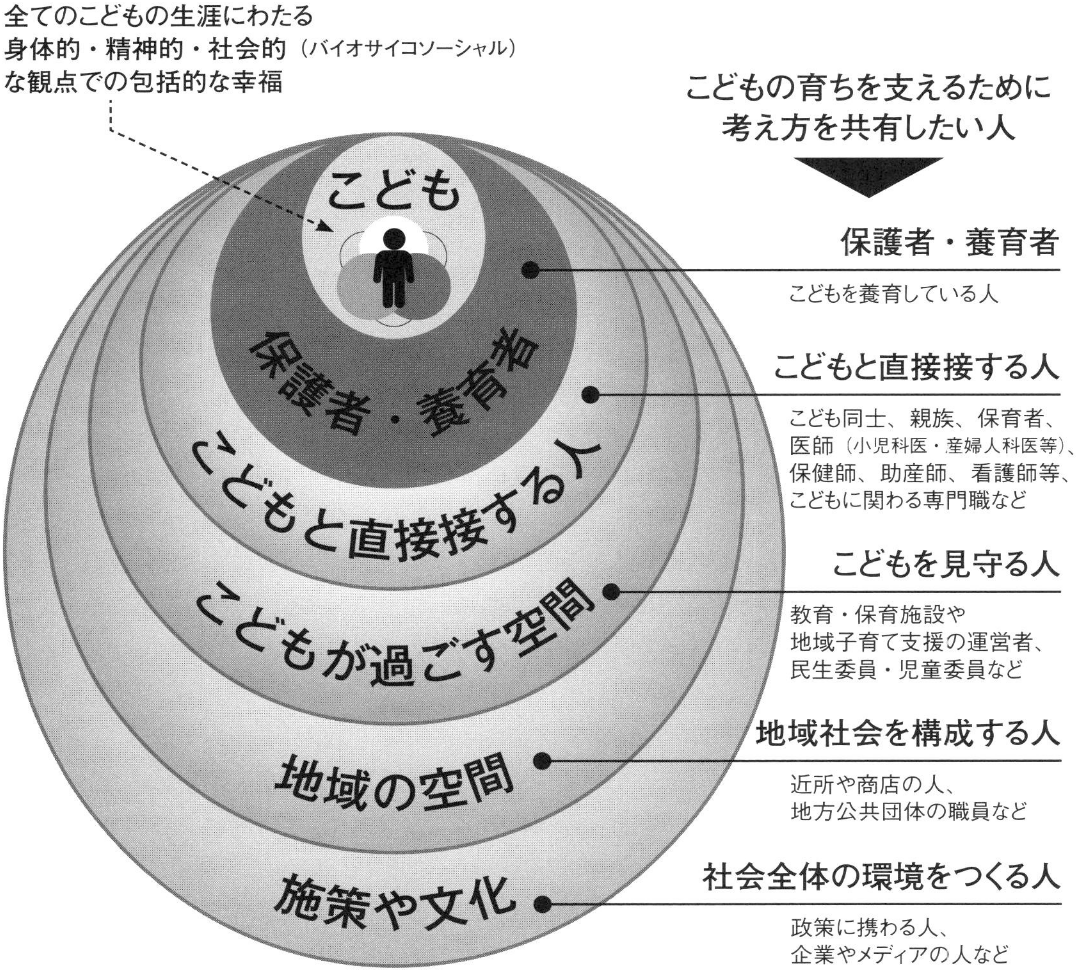

全てのこどもの生涯にわたる
身体的・精神的・社会的（バイオサイコソーシャル）
な観点での包括的な幸福

こどもの育ちを支えるために
考え方を共有したい人

こども

保護者・養育者

こどもと直接接する人

こどもが過ごす空間

地域の空間

施策や文化

保護者・養育者
こどもを養育している人

こどもと直接接する人
こども同士、親族、保育者、
医師（小児科医・産婦人科医等）、
保健師、助産師、看護師等、
こどもに関わる専門職など

こどもを見守る人
教育・保育施設や
地域子育て支援の運営者、
民生委員・児童委員など

地域社会を構成する人
近所や商店の人、
地方公共団体の職員など

社会全体の環境をつくる人
政策に携わる人、
企業やメディアの人など

（「幼児期までのこどもの育ちに係る基本的
なビジョン（はじめの100か月の育ちビジョン）」
別紙1をもとに作成）

※空間には、幼児教育・保育施設や子育て支援の施設のみならず、
公園や自然環境、デジタル空間を含む

第3章

資料

別紙2　はじめの100か月の育ちビジョンの実現に向けた社会全体の全ての人の役割

1．こども施策の推進主体

（1）　国

　　○国は、政府の司令塔であるこども家庭庁が中心となり、本ビジョンに基づき、関係省庁や地方公共団体と連携し、それぞれの立場で「こどもの誕生前から幼児期までの育ち」を支える全ての人を支援することで、こども施策を強力に推進する役割が求められる。これらを通じ、地域を超えた取組も含め、国がその固有の責任を果たしてこそ、社会全体の認識共有を図ることができる。

　　○例えば、家庭や地域以外で乳幼児が多くの時間を過ごす幼児教育・保育施設については、「こども政策の新たな推進体制に関する基本方針」（令和3年12月閣議決定）[46]において、こども家庭庁は、文部科学省の定める幼稚園の教育内容の基準の策定に当たって協議を受けること、また、文部科学省は、こども家庭庁が定める保育所の保育内容の基準の策定に当たって協議を受けることとされた。さらに、幼保連携型認定こども園の教育・保育内容の基準をこども家庭庁と文部科学省が定めることとされ、幼児教育・保育施設の教育・保育内容の基準の整合性を担保するための所要の制度改正が措置されている。

　　○また、「こどもの誕生前から幼児期までの育ち」において不可欠な成育医療等[47]の切れ目ない提供には、医療・保健・教育・福祉等の幅広い関係分野における取組の推進が必要であることから、成育基本法が令和元年12月に施行されるとともに、こども基本法の成立等を踏まえ、「成育医療等の提供に関する施策の総合的な推進に関する基本的な方針」の変更が令和5年3月に閣議決定されたことに基づき、身体的・精神的・社会的な観点（バイオサイコソーシャルの観点）を踏まえた取組の充実が図られている。

　　○これまで国が進めてきたこのような取組を踏まえ、今後は、こども家庭庁が中心となって幼児期までのこどもの育ちに係る施策を一層推進していく。

（2）　地方公共団体

　　○地方公共団体は、こども基本法に基づき、こども施策に関し、国及び他の地方公共団体との連携を図りつつ、その区域内におけるこどもの状況に応じた施策を策定し、実施する責務を有する。家庭や子育てに夢を持ち、子育てに伴う喜びを実感できる社会環境を整備するなど、こども基本法の理念にのっとってこども施策を策定し、実施する重要な役割を持つ。

　　○また、こども施策の策定・実施に当たっては、施策の対象となるこどもやこども

を養育する者その他の関係者の意見を反映させるために必要な措置を講ずること
や、医療・保健・教育・福祉・療育等に関する業務を行う関係者相互の有機的な
連携の確保等が求められている。地方公共団体には、これらこども基本法の要請
にのっとり、本ビジョンも踏まえ、関係機関の相互連携を図りながら、「こども
の誕生前から幼児期までの育ち」を支えるこども施策の展開を図っていく役割が
求められる。

○そのため、国は、地方公共団体と本ビジョンの理念や基本的な考え方を共有でき
るよう、地方との対話等を推進していくこととする。また、国は、地方公共団体
と密接に連携しながら、例えばこどもの育ちに関する具体的な活動を推進する
コーディネーター役の人材育成など、地方公共団体における本ビジョンを踏まえ
た取組に必要な支援を図るとともに、先進的な取組の横展開等を進めていく。

2．こどもの育ちの環境に影響を与える全ての人

（1）施策や文化に影響を与える人

○メディア等を含め、施策や文化に影響を与える主体には、本ビジョンも参考にし
て、こどもの育ちについての関心と理解を深めるように努めつつ、それぞれの立
場から「こどもの誕生前から幼児期までの育ち」を支える社会全体の施策や文化
をつくっていくことが求められる。

○こうした役割を支えるため、国による幼児期までの育ちに係るこども施策の推進
は、社会全体の施策や文化に影響を与える主体と適切な協力関係を築きながら行
うことが必要である。

（2）事業主

○事業主は、家庭や子育てに夢を持ち、子育てに伴う喜びを実感できる社会環境を
整備するというこども基本法の理念を実現するための重要な役割を担う主体とし
て、その雇用する労働者の職業生活と家庭生活の充実が図られるよう、必要な雇
用環境の整備に取り組むことが求められる。

---

46 「施設類型を問わず共通の教育・保育を受けることが可能となるよう、こども家庭庁は、就学前のこどもの健やかな成
長のための環境確保及びこどものある家庭における子育て支援に関する事務を所掌する観点から、文部科学省の定める
幼稚園の教育内容の基準の策定に当たり協議を受けることとし、文部科学省は、幼児教育の振興に関する事務を所掌す
る観点から、こども家庭庁が定める保育所の保育内容の基準の策定に当たり協議を受けることとし、これらの教育・保
育内容の基準をともに策定（共同告示）することとする。幼保連携型認定こども園の教育・保育内容の基準をこども家
庭庁及び文部科学省が定めることと併せ、3施設の教育・保育内容の基準の整合性を制度的に担保する（児童福祉法及
び学校教育法（昭和22年法律第26号）の一部改正）。」とされた。

47 妊娠、出産及び育児に関する問題、成育過程の各段階において生ずる心身の健康に関する問題等を包括的に捉えて適
切に対応する、医療及び保健並びにこれらに密接に関連する教育、福祉等に係るサービス等のことを指す。

○こうした役割を支えるため、国による幼児期までの育ちに係るこども施策の推進は、こども基本法の理念を実現する上での重要な社会のステークホルダーとして、事業主と適切な協力関係を築きながら行うことが必要である。

3．直接こどもの育ちに関わる人

（1） 保護者・養育者
　　○保護者・養育者は、こどもの養育について不可欠な役割を有する者であるとの認識の下、「こどもの誕生前から幼児期までの育ち」についての関心と理解を深めるように努め、主体的に社会の支援・応援にアクセスしながら、こどもを養育することが求められる。ただし、このような基本認識の前提として、保護者・養育者が子育ての様々な状況を社会と安心して共有でき、社会に十分支えられていることが重要である。
　　○こうした役割を支えるため、国による幼児期までの育ちに係るこども施策の推進は、「2．」の（4）のビジョンに基づき、こどもとともに育つ保護者・養育者のウェルビーイングと成長を支援・応援する視点で行われることが必要である。

（2） 専門的な立場でこどもの育ちに関わる人
　　○保育者など専門的な立場でこどもの育ちに関わる人は、こどもの「アタッチメント（愛着）」の対象ともなるなど、日常的で密な関わりを持つことができ、こどもの育ちの質を考える上で特別な存在である。このため、保育者等が誇りを持って働くことができるような体制整備が必要である。
　　○このような大切な役割を持つ専門職である保育者や子育て支援員、教育・保育施設や地域子育て支援の運営者など、保育や子育て支援に携わり、乳幼児の日常の育ちを支える人には、教育・保育の専門性を活用し、幼児教育・保育に関する基準等に基づき、こども基本法の理念や本ビジョンを体現しながら、こどもの育ちの質の向上のため、家庭への支援や地域との連携を図る役割が求められる。
　　○その際、専門性を持ちながら乳幼児の育ちを日常的に支えている立場を活かし、保護者・養育者の成長を支援・応援したり、学童期以降の育ちを支える立場の人へ切れ目なく橋渡しをしたりするなど、専門職として助言を行う役割も求められる。
　　○また、医師、歯科医師、薬剤師、保健師、助産師、看護師、管理栄養士、歯科衛生士等の医療関係者、カウンセラーやソーシャルワーカー等の心理や福祉の専門職、民生委員・児童委員等の地域の支援者など、職務の中でこどもの育ちに関わる人は、こども基本法にのっとった本ビジョンも踏まえ、乳幼児の育ちについての関心と理解を深めるように努めることが求められる。そして、それぞれの専門

性や専門的基準等に基づき、こどもの育ちの質の充実のため、期待される役割を果たすことが求められる。

○さらに、多職種で連携したり、保護者・養育者など専門的知見を持たない人と協働したりしてこどもの育ちを支える際には、本ビジョンに示す理念や基本的な考え方を共通言語として活用しつつ、適切に専門性を発揮することも求められる。

○こうした役割を支えるため、国による幼児期までの育ちに係るこども施策の推進は、専門的な立場でこどもの育ちに関わる人に対して、体制整備を含めてしっかりと支援する視点を重視して進めなければならない。あわせて、本ビジョンについて、専門職等に期待する活用場面を想定して分かりやすく普及啓発していく必要がある。

（3）　その他様々な立場でこどもの育ちに関わる人

○親族、保護者・養育者の知人・友人、近所や商店の人など、保護者・養育者や専門職以外の様々な立場でこどもの育ちに関わる人は、こども基本法にのっとった本ビジョンも参考に、こどもの育ちについての関心と理解を深めるように努めるなど、乳幼児の育ちの支え手としての役割が求められる。その際、それぞれの立場から手の届く範囲で、乳幼児の育ちを支えるための具体的な行動を自ら起こしたり、周囲に呼びかけたりするなど、「こどもまんなか社会」実現の推進役となることを期待したい。

○なお、こどもと関わるに当たっては、自分自身の幼児期までの経験を振り返ったり、こどもの思いや願いを尊重して、どのように関わることが適切かを考えたりすることも重要である[48]。

○こうした役割を支えるため、国による幼児期までの育ちに係るこども施策の推進は、本ビジョンの普及啓発等を通じて全ての人の関心や理解の増進を図り、こどもの育ちに関心を持つ人が、こどもの育ちに関する基礎知識と具体的な行動のヒントを得ることができるように、効果的な行動促進策を実施しながら行うことが必要である。

48　例えば、こども家庭庁においては、令和5年10月に「社会全体の全ての人に向けたアンケートの結果について」「学童期以降のこども若者に向けたアンケートの結果について」（こども家庭審議会幼児期までのこどもの育ち部会（第8回）資料）をとりまとめているが、幼児期までを振り返って楽しかったことや、もっとおとなにしてほしかったことについての質問結果を、次代のこどもの育ちを支える取組につなげることも考えられる。

こども基本法

令和 4 年 6 月 22 日法律第 77 号

第一章　総則

（目的）

第一条　この法律は、日本国憲法及び児童の権利に関する条約の精神にのっとり、次代の社会を担う全てのこどもが、生涯にわたる人格形成の基礎を築き、自立した個人としてひとしく健やかに成長することができ、心身の状況、置かれている環境等にかかわらず、その権利の擁護が図られ、将来にわたって幸福な生活を送ることができる社会の実現を目指して、社会全体としてこども施策に取り組むことができるよう、こども施策に関し、基本理念を定め、国の責務等を明らかにし、及びこども施策の基本となる事項を定めるとともに、こども政策推進会議を設置すること等により、こども施策を総合的に推進することを目的とする。

（定義）

第二条　この法律において「こども」とは、心身の発達の過程にある者をいう。

2　この法律において「こども施策」とは、次に掲げる施策その他のこどもに関する施策及びこれと一体的に講ずべき施策をいう。

一　新生児期、乳幼児期、学童期及び思春期の各段階を経て、おとなになるまでの心身の発達の過程を通じて切れ目なく行われるこどもの健やかな成長に対する支援

二　子育てに伴う喜びを実感できる社会の実現に資するため、就労、結婚、妊娠、出産、育児等の各段階に応じて行われる支援

三　家庭における養育環境その他のこどもの養育環境の整備

（基本理念）

第三条　こども施策は、次に掲げる事項を基本理念として行われなければならない。

一　全てのこどもについて、個人として尊重され、その基本的人権が保障されるとともに、差別的取扱いを受けることがないようにすること。

二　全てのこどもについて、適切に養育されること、その生活を保障されること、愛され保護されること、その健やかな成長及び発達並びにその自立が図られることその他の福祉に係る権利が等しく保障されるとともに、教育基本法（平成 18 年法律第 120 号）の精神にのっとり教育を受ける機会が等しく与えられること。

三　全てのこどもについて、その年齢及び発達の程度に応じて、自己に直接関係する全ての事項に関して意見を表明する機会及び多様な社会的活動に参画する機会が確保されること。

四　全てのこどもについて、その年齢及び発達の程度に応じて、その意見が尊重され、その最善の利益が優先して考慮されること。

五　こどもの養育については、家庭を基本として行われ、父母その他の保護者が第一義的責任を有するとの認識の下、これらの者に対してこどもの養育に関し十分な支援を行うとともに、家庭での養育が困難なこどもにはできる限り家庭と同様の養育環境を確保することにより、こどもが心身ともに健やかに育成されるようにすること。

六　家庭や子育てに夢を持ち、子育てに伴う喜びを実感できる社会環境を整備すること。

（国の責務）

第四条　国は、前条の基本理念（以下単に「基本理念」という。）にのっとり、こども施策を総合的に策定し、及び実施する責務を有する。

（地方公共団体の責務）

第五条　地方公共団体は、基本理念にのっとり、こども施策に関し、国及び他の地方公共団体との連携を図りつつ、その区域内におけるこどもの状況に応じた施策を策定し、及び実施する責務を有する。

（事業主の努力）

第六条 事業主は、基本理念にのっとり、その雇用する労働者の職業生活及び家庭生活の充実が図られるよう、必要な雇用環境の整備に努めるものとする。

（国民の努力）

第七条 国民は、基本理念にのっとり、こども施策について関心と理解を深めるとともに、国又は地方公共団体が実施するこども施策に協力するよう努めるものとする。

（年次報告）

第八条 政府は、毎年、国会に、我が国におけるこどもをめぐる状況及び政府が講じたこども施策の実施の状況に関する報告を提出するとともに、これを公表しなければならない。

2 前項の報告は、次に掲げる事項を含むものでなければならない。

一 少子化社会対策基本法（平成15年法律第133号）第九条第一項に規定する少子化の状況及び少子化に対処するために講じた施策の概況

二 子ども・若者育成支援推進法（平成21年法律第71号）第六条第一項に規定する我が国における子ども・若者の状況及び政府が講じた子ども・若者育成支援施策の実施の状況

三 子どもの貧困対策の推進に関する法律（平成25年法律第64号）第七条第一項に規定する子どもの貧困の状況及び子どもの貧困対策の実施の状況

第二章 基本的施策

（こども施策に関する大綱）

第九条 政府は、こども施策を総合的に推進するため、こども施策に関する大綱（以下「こども大綱」という。）を定めなければならない。

2 こども大綱は、次に掲げる事項について定めるものとする。

一 こども施策に関する基本的な方針

二 こども施策に関する重要事項

三 前二号に掲げるもののほか、こども施策を推進するために必要な事項

3 こども大綱は、次に掲げる事項を含むものでなければならない。

一 少子化社会対策基本法第七条第一項に規定する総合的かつ長期的な少子化に対処するための施策

二 子ども・若者育成支援推進法第八条第二項各号に掲げる事項

三 子どもの貧困対策の推進に関する法律第八条第二項各号に掲げる事項

4 こども大綱に定めるこども施策については、原則として、当該こども施策の具体的な目標及びその達成の期間を定めるものとする。

5 内閣総理大臣は、こども大綱の案につき閣議の決定を求めなければならない。

6 内閣総理大臣は、前項の規定による閣議の決定があったときは、遅滞なく、こども大綱を公表しなければならない。

7 前二項の規定は、こども大綱の変更について準用する。

（都道府県こども計画等）

第十条 都道府県は、こども大綱を勘案して、当該都道府県におけるこども施策についての計画（以下この条において「都道府県こども計画」という。）を定めるよう努めるものとする。

2 市町村は、こども大綱（都道府県こども計画が定められているときは、こども大綱及び都道府県こども計画）を勘案して、当該市町村におけるこども施策についての計画（以下この条において「市町村こども計画」という。）を定めるよう努めるものとする。

3 都道府県又は市町村は、都道府県こども計画又は市町村こども計画を定め、又は変更したときは、遅滞なく、これを公表しなければならない。

4　都道府県こども計画は、子ども・若者育成支援推進法第九条第一項に規定する都道府県子ども・若者計画、子どもの貧困対策の推進に関する法律第九条第一項に規定する都道府県計画その他法令の規定により都道府県が作成する計画であってこども施策に関する事項を定めるものと一体のものとして作成することができる。

5　市町村こども計画は、子ども・若者育成支援推進法第九条第二項に規定する市町村子ども・若者計画、子どもの貧困対策の推進に関する法律第九条第二項に規定する市町村計画その他法令の規定により市町村が作成する計画であってこども施策に関する事項を定めるものと一体のものとして作成することができる。

（こども施策に対するこども等の意見の反映）

第十一条　国及び地方公共団体は、こども施策を策定し、実施し、及び評価するに当たっては、当該こども施策の対象となるこども又はこどもを養育する者その他の関係者の意見を反映させるために必要な措置を講ずるものとする。

（こども施策に係る支援の総合的かつ一体的な提供のための体制の整備等）

第十二条　国は、こども施策に係る支援が、支援を必要とする事由、支援を行う関係機関、支援の対象となる者の年齢又は居住する地域等にかかわらず、切れ目なく行われるようにするため、当該支援を総合的かつ一体的に行う体制の整備その他の必要な措置を講ずるものとする。

（関係者相互の有機的な連携の確保等）

第十三条　国は、こども施策が適正かつ円滑に行われるよう、医療、保健、福祉、教育、療育等に関する業務を行う関係機関相互の有機的な連携の確保に努めなければならない。

2　都道府県及び市町村は、こども施策が適正かつ円滑に行われるよう、前項に規定する業務を行う関係機関及び地域においてこどもに関する支援を行う民間団体相互の有機的な連携の確保に努めなければならない。

3　都道府県又は市町村は、前項の有機的な連携の確保に資するため、こども施策に係る事務の実施に係る協議及び連絡調整を行うための協議会を組織することができる。

4　前項の協議会は、第二項の関係機関及び民間団体その他の都道府県又は市町村が必要と認める者をもって構成する。

第十四条　国は、前条第一項の有機的な連携の確保に資するため、個人情報の適正な取扱いを確保しつつ、同項の関係機関が行うこどもに関する支援に資する情報の共有を促進するための情報通信技術の活用その他の必要な措置を講ずるものとする。

2　都道府県及び市町村は、前条第二項の有機的な連携の確保に資するため、個人情報の適正な取扱いを確保しつつ、同項の関係機関及び民間団体が行うこどもに関する支援に資する情報の共有を促進するための情報通信技術の活用その他の必要な措置を講ずるよう努めるものとする。

（この法律及び児童の権利に関する条約の趣旨及び内容についての周知）

第十五条　国は、この法律及び児童の権利に関する条約の趣旨及び内容について、広報活動等を通じて国民に周知を図り、その理解を得るよう努めるものとする。

（こども施策の充実及び財政上の措置等）

第十六条　政府は、こども大綱の定めるところにより、こども施策の幅広い展開その他のこども施策の一層の充実を図るとともに、その実施に必要な財政上の措置その他の措置を講ずるよう努めなければならない。

第三章　こども政策推進会議
（設置及び所掌事務等）
第十七条　こども家庭庁に、特別の機関として、こども政策推進会議（以下「会議」という。）を置く。
2　会議は、次に掲げる事務をつかさどる。
　一　こども大綱の案を作成すること。
　二　前号に掲げるもののほか、こども施策に関する重要事項について審議し、及びこども施策の実施を推進すること。
　三　こども施策について必要な関係行政機関相互の調整をすること。
　四　前三号に掲げるもののほか、他の法令の規定により会議に属させられた事務
3　会議は、前項の規定によりこども大綱の案を作成するに当たり、こども及びこどもを養育する者、学識経験者、地域においてこどもに関する支援を行う民間団体その他の関係者の意見を反映させるために必要な措置を講ずるものとする。
（組織等）
第十八条　会議は、会長及び委員をもって組織する。
2　会長は、内閣総理大臣をもって充てる。
3　委員は、次に掲げる者をもって充てる。
　一　内閣府設置法（平成11年法律第89号）第九条第一項に規定する特命担当大臣であって、同項の規定により命を受けて同法第十一条の三に規定する事務を掌理するもの
　二　会長及び前号に掲げる者以外の国務大臣のうちから、内閣総理大臣が指定する者
（資料提出の要求等）
第十九条　会議は、その所掌事務を遂行するために必要があると認めるときは、関係行政機関の長に対し、資料の提出、意見の開陳、説明その他必要な協力を求めることができる。
2　会議は、その所掌事務を遂行するために特に必要があると認めるときは、前項に規定する者以外の者に対しても、必要な協力を依頼することができる。
（政令への委任）
第二十条　前三条に定めるもののほか、会議の組織及び運営に関し必要な事項は、政令で定める。

附　則　抄
（施行期日）
第一条　この法律は、令和5年4月1日から施行する。
（検討）
第二条　国は、この法律の施行後五年を目途として、この法律の施行の状況及びこども施策の実施の状況を勘案し、こども施策が基本理念にのっとって実施されているかどうか等の観点からその実態を把握し及び公正かつ適切に評価する仕組みの整備その他の基本理念にのっとったこども施策の一層の推進のために必要な方策について検討を加え、その結果に基づき、法制上の措置その他の必要な措置を講ずるものとする。

こども大綱（抄）

令和5年12月22日

第1　はじめに

3　こども大綱が目指す「こどもまんなか社会」
～全てのこども・若者が身体的・精神的・社会的に幸福な生活を送ることができる社会～

　「こどもまんなか社会」とは、全てのこども・若者が、日本国憲法、こども基本法及びこどもの権利条約の精神にのっとり、生涯にわたる人格形成の基礎を築き、自立した個人としてひとしく健やかに成長することができ、心身の状況、置かれている環境等にかかわらず、ひとしくその権利の擁護が図られ、身体的・精神的・社会的に将来にわたって幸せな状態（ウェルビーイング）で生活を送ることができる社会である。

　具体的には、全てのこどもや若者が、保護者や社会に支えられ、生活に必要な知恵を身に付けながら
- 心身ともに健やかに成長できる
- 個性や多様性が尊重され、尊厳が重んぜられ、ありのままの自分を受け容れて大切に感じる（自己肯定感を持つ）ことができ、自分らしく、一人一人が思う幸福な生活ができる
- 様々な遊びや学び、体験等を通じ、生き抜く力を得ることができる
- 夢や希望を叶えるために、希望と意欲に応じて、のびのびとチャレンジでき、将来を切り開くことができる
- 固定観念や価値観を押し付けられず、自由で多様な選択ができ、自分の可能性を広げることができる
- 自らの意見を持つための様々な支援を受けることができ、その意見を表明し、社会に参画できる
- 不安や悩みを抱えたり、困ったりしても、周囲のおとなや社会にサポートされ、問題を解消したり、乗り越えたりすることができる
- 虐待、いじめ、体罰・不適切な指導、暴力、経済的搾取、性犯罪・性暴力、災害・事故などから守られ、困難な状況に陥った場合には助けられ、差別されたり、孤立したり、貧困に陥ったりすることなく、安全に安心して暮らすことができる
- 働くこと、また、誰かと家族になること、親になることに、夢や希望を持つことができる

社会である。

そして、20代、30代を中心とする若い世代が、
- 自分らしく社会生活を送ることができ、経済的基盤が確保され、将来に見通しを持つことができる
- 希望するキャリアを諦めることなく、仕事と生活を調和させながら、希望と意欲に応じて社会で活躍することができる
- それぞれの希望に応じ、家族を持ち、こどもを産み育てることや、不安なく、こどもとの生活を始めることができる
- 社会全体から支えられ、自己肯定感を持ちながら幸せな状態で、こどもと向き合うことができ、子育てに伴う喜びを実感することができる。そうした環境の下で、こどもが幸せな状態で育つことができる

社会である。

　こうした「こどもまんなか社会」の実現は、こども・若者が、尊厳を重んぜられ、自分らしく自らの希望に応じてその意欲と能力を活かすことができるようになることや、こどもを産みたい、育てたいと考える個人の希望が叶うことにつながり、こどもや若者、子育て当事者の幸福追求において非常に重要である。また、その結果として、少子化・人口減少の流れを大きく変えるとともに、未来を担う人材を社会全体で育み、社会経済の持続可能性を高めることにつながる。すなわち、こどもや若者、子育て当事者はもちろん、全ての人にとって、社会的価値が創造され、その幸福が高まることにつながる。

　こども大綱の使命は、常にこどもや若者の最善の利益を第一に考え、こども・若者・子育て支援に関する取組・政策を我が国社会の真ん中に据え、こどもや若者を権利の主体として認識し、こどもや若者の視点で、こどもや若者を取り巻くあらゆる環境を視野に入れ、こどもや若者の権利を保障し、誰一人取り残さず、健やかな成長を社会全体で後押しすることにより、「こどもまんなか社会」を実現していくことである。こども大綱は一度取りまとめられたら終わりというものではない。「こどもまんなか社会」の実現に向け、こどもや若者、子育て当事者等の意見を取り入れながら、次元の異なる少子化対策の実現に向けたこども未来戦略の推進とあわせて、こども大綱の下で進める施策の点検と見直しを図っていく。

● **編集代表** 肩書きは執筆時のもの。

秋田喜代美（幼児期までのこどもの育ち部会長、学習院大学文学部教授、東京大学名誉教授）

● **執筆者**（執筆順）肩書きは執筆時のもの。

大豆生田 啓友（幼児期までのこどもの育ち部会長代理、玉川大学教育学部教授）

秋山千枝子（医療法人社団千実会あきやま子どもクリニック院長）

古賀松香（京都教育大学教育学部教授）

有村大士（日本社会事業大学社会福祉学部教授）

高祖常子（認定NPO法人児童虐待防止全国ネットワーク副理事長）

柿沼平太郎（学校法人柿沼学園理事長）

加藤篤彦（武蔵野東第一・第二幼稚園園長、公益社団法人全国幼児教育研究協会理事）

鈴木みゆき（國學院大學人間開発学部教授）

奥山千鶴子（NPO法人子育てひろば全国連絡協議会理事長、認定NPO法人びーのびーの理事長）

坂﨑隆浩（社会福祉法人清隆厚生会こども園ひがしどおり理事長・園長）

- -

「はじめの100か月の育ちビジョン」
今、保育者に求められることは？

2024年12月　初版第1刷発行

編集代表／秋田喜代美　©Kiyomi Akita 2024
発行人／大橋 潤
編集人／竹久美紀
発行所／株式会社チャイルド本社
　　　　〒112-8512　東京都文京区小石川5-24-21
電話／03-3813-2141（営業）　03-3813-9445（編集）
振替／00100-4-38410
印刷／TOPPANクロレ株式会社

ISBN978-4-8054-0331-0　C2037
NDC376　26×19cm　96P　Printed in Japan

表紙カバーイラスト	カモ
カバー、本文デザイン	西藤久美子
本文DTP	株式会社明昌堂
本文イラスト	坂本直子、yana
取材・文	小林洋子（有限会社遊文社）
本文校正	有限会社くすのき舎
編集	田島美穂

★ **チャイルド本社のウェブサイト**
https://www.childbook.co.jp/
チャイルドブックや保育図書の情報が盛りだくさん。
どうぞご利用ください。

■乱丁・落丁本はお取り替えいたします。
■本書の無断転載、複写複製（コピー）は、著作権法上での例外を除き禁じられています。
■本書を代行業者等の第三者に依頼してスキャンやデジタル化することは、たとえ個人や家庭内の利用であっても、
　著作権法上、認められておりません。